나의 첫 NFT 교과서

어려울 게 뭐가 있어? 필요한 것만 알면 되지!

나의 첫 NFT 교과서

황성배, 전래훈 지음

P page2

추천사

디지털 자산의 소유권을 지키는 데 필요한 기술로 자리 잡은 NFT는 앞으로 디지털 자산 뿐만 아니라 실물자산에도 적용이 가능한 블록체인 기술로 계속해서 진화할 것으로 보인다. 이제 일반인들도 필연적으로 NFT에 대한 기본을 이해하는 것이 자산관리의 새로운 수단이 될 것이다. 이 책은 NFT 기본을 매우 친절하게 설명할 뿐만 아니라 활용할 수 있는 지식까지 총체적으로 다루고 있다. 더 늦기 전에 이 책을 통해 NFT라는 세계에 입장해 보는 것을 권한다.

이원부 (새)한국핀테크블록체인학회장

이 책은 제목처럼 누구나 쉽게 NFT를 이해할 수 있게 도와주는 책이다. 직접 NFT를 만들어도 보고, 이를 활용하는 회사도 자세히 소개하여 투자를 통해 간접적으로 NFT 세계를 보는 눈과 귀를 열어준다. 지금이라도 NFT를 알고자 한다면 이 책을 권한다. 기술을 전혀 모르는 일반인들도 쉽고 빠르게 NFT를 활용하는 방법을 익히도록 돕는 훌륭한 가이드가 되어 준다.

김선미 동국대학교 경영전문대학원 핀테크블록체인 책임교수

◆ NFT? DeFi? DAO? 우리는 빠르게 변화하는 기술의 흐름 속, 수많은 새로운 용어와 개념이 쏟아져 나오는 세상에서 살고 있다. 하지만 이 책과 함께한다면 최소한 NFT에 관해서는 걱정할 필요가 없을 것이다.

조수영 개런터블 CTO

◆ NFT를 기반으로 한 새로운 금융 비즈니스 모델이 다채롭게 등장하고 있다. 블록체인 기술의 활용 영역이 다양해지는 것이다. 이 책의 독자라면 누구나 NFT를 직접 만들어보고 사고팔 수 있다. 어서 빨리 NFT가 가져다줄 파괴적 금융 혁신에 다가가 보기를 권한다.

이근주 한국핀테크산업협회장

◆ 엄마, NFT가 뭐에요? 아빠, 민팅은 어떻게 해요? 알고 싶고 또 알아야만 할 것 같은 NFT다. 이 책은 실생활의 눈높이에서 현재까지 있었던, 그리고 현재까지 진행되고 있는 NFT 이슈를 친절하게 소개하고 있다.

김남곤 변호사 법무법인 루트

최근 신사업 기회 발굴을 주제로 특정 고객사를 위한 컨설팅 업무를 수행한 적이 있었다. 새로운 시장을 이해하기 위해 지인 소개로 탑티어(Top-tier) NFT 업체 임직원 분들을 인터뷰 했었는데 만약 내가 이 책을 좀 더 일찍 만날 수 있었다면, 인터뷰 질문 중 70~80%는 필요 없었겠다는 생각이 든다. 핵심을 짚어내는 황성배 저자의 안목과 NFT 관련 지식의 깊이가 돋보이는 책이다.

김기영 EY한영 이사

암호화폐와 NFT 모두 유동성과 포모(FOMO, 자신만 뒤처질 것 같은 두려움을 가지는 현상)가 낳은 튤립 파동일 수 있다. 어떻게 변화되고 전개될지 장담할 수 없다. 분명한 것은 모든 변화의 국면이 그렇듯 알고 준비하면 기회가 되고, 그렇지 않으면 위기가 될 거란 사실이다. 알고 준비를 하는 데는 직접 경험하는 것만큼 확실한 것이 없다. 그런 첫걸음을 떼는 데 있어 이 책은 그 어느 책보다 빠르게 읽히고 경험할 수 있게 한다. 모두가 기회를 놓치지 않았으면 하는 바람으로 이 책을 추천한다.

정병석 NH투자증권 나무증권 대표

유례없는 장기간의 팬데믹 상태에서 메타버스는 새로운 대안이 되었고, 블록체인 기술들은 메타버스 세상 속에서 NFT라는 대체불가능한 가치를 제시하였다. NFT를 통해 메타버스 세상을 들여다보는 것이 가장 직관적이고 효율적인 접근이 되지 않겠는가? 이 책을 꼭 들여다보기를 바란다.

이장훈 베젤IP 대표변리사

"NFT? 그거 대체 왜 사는 거야? 거품 아니야?"

매일 핸드폰을 들여다보며 암호화폐를 거래하는 사람마저 NFT에 대한 첫 반응은 대부분 이렇다. 이런 사람들의 반응을 보고 있으면 아직 NFT 세상에 기회가 있다는 것을 새삼 느낀다. 몇 년 전 그들이 암호화폐 거래를 시작하기 전 '암호화폐? 그거 왜 사는 거야? 거품 아니야?'라고 똑같이 물었던 사실을 기억하고 있기 때문이다.

실제로 NFT가 거품일 수 있다. 어쩌면 디지털 금이라는 비트코인 역시 거품일 수도 있다. 또는 오늘밤 블록체인이 가진 기술적 한계성을 훌쩍 뛰어넘는 새로운 이름을 가진 무언가 탄생할지도 모른다. 그럴 때마다 계속해서 옆 사람의 '한번 해봐'라는 적극적인 추천에 겨우 밀려 해보기 전까지는 매번 남의 일인 척 '그거 왜 하는 거야?'라는 자세를 견지하고 있다면 우린 매번 눈앞에 있는 기회를 확실하게 흘려버리는 버릇이 들지도 모른다.

이 책은 '그래서 NFT 그거 왜 사는 건데?'라는 하나의 질문에 대한 답을 누군가에게 물어보지 않고도 스스로 할 수 있게 하기 위해

쓰였다. 이 책을 다 읽고 나서 독자들이 NFT에 대해 "그거 나도 해볼래", "사볼래" 혹은 "그건 거품이야" 등의 판단을 내리는 데 있어 작은 힌트를 줄 수 있다면 이 책이 태어난 목적은 충분히 다한 것이라 생각한다.

황성배

'세상 그 모두가 크리에이터가 될 수 있다!'

내가 카페에 앉아서 냅킨에 끄적거리는 낙서나 그림. 재미삼아 흥얼거리면서 만든 나만의 노래. 내가 찍은 사진. 이 모든 것들은 NFT라는 매개체를 거치면서 나만의 창작물이 될 수 있다.

그리고 나만이 간직하던 것을 넘어서 누구에게나 볼 수 있게 공개하고, 거래를 하면서 수익화를 추구할 수도 있다. NFT는 기존에 플랫폼과 중개자가 독점하던 것들을 점점 더 불특정 다수에게 전달하는 도구가 되어가고 있다. 세상은 빠르게 바뀐다. 그리고 우리는 그 세상 속에서 사는 대로 생각하며 살지, 생각하는 대로 살기는 더욱 어려운 것 같다. 이러한 변화를 우리는 빠르게 따라가야 하고 이해하고 행동해야 한다. 그동안 NFT라는 시장이 앞으로 전망이 좋고 커지는 분야라는 것은 알았지만 막상 그 단어와 개념을 이해하려 할 때 어렵다고 느끼는 사람들이 많았다. 그래서 이 책은 대한민국 국민이면 누구나 쉽게 NFT에 대한 개념과 실제 사례, 관련 상장기업, 비상장기업 등을 이해할 수 있게 집필하려 노력했다. NFT

라는 개념을 이해하게 되면, 블록체인, 암호화폐, 메타버스 등의 모든 개념들이 결국은 하나의 유기체처럼 움직이고 있다는 사실을 깨닫게 될 것이다.

독자 여러분들이 이 책을 통해 NFT라는 개념을 쉽게 이해하고 접근할 수 있게 되기를 간절히 기원한다. 마지막으로 이 책을 기획하고 집필에 큰 도움을 주신 페이지2 출판사 관계자 여러분께 감사의 말씀을 전한다. 그리고 이 책을 집필을 함께 해준 인생 멘토이자 공동 저자 황성배 형과 아버지, 어머니, 사랑하는 아내 미연과 아들 지호에게 고마움을 전한다.

전래훈

어서와 NFT는 처음이지?
왕초보를 위한
NFT 최다 질문 10

1 NFT가 대체 무엇인가요?

NFT는 'Non-Fungible Token'의 약자로 대체불가능한 토큰을 말합니다. 화폐처럼 교환이 가능한 것이 아니라 각자의 고유성과 희소성을 지니고 있는 일종의 디지털 정품 보증서입니다.

2 NFT는 누구나 만들 수 있나요?

누구나 만들 수 있습니다. NFT를 만드는 것을 '민팅(Minting)'이라고 부르는데 이는 화폐를 주조한다는 용어에서 가져왔습니다. 민팅을 통해 누구나 쉽게 자신만의 NFT를 만들어 디지털 지갑에 소유할 수 있습니다.

3   NFT는 어디서 살 수 있나요?

국내외 NFT 관련 서비스를 제공하는 플랫폼이 많이 있습니다. 이 플랫폼을 통해 NFT 거래가 가능하고 어렵지 않습니다. 이 책을 통해 NFT를 직접 만드는 방법에서 사고파는 방법까지 모두 배울 수 있습니다.

4   NFT 거래 시 수수료가 발생하나요?

'가스비'라는 일종의 수수료가 발생합니다. 크게 세 가지 종류가 있는데 NFT 구매에 필요한 암호화폐를 NFT 거래소로 송금할 때 들어가는 송금 가스비, 작품을 민팅하거나 상품을 등록할 때 들어가는 가스비, 거래가 이루어질 때 플랫폼 사에 지불하는 가스비가 있습니다.

5   NFT를 알면 저도 부자가 될 수 있을까요?

주식과 부동산을 잘 아는 것과 부자가 되는 것이 별개인 것처럼 NFT를 잘 알거나 보유하고 있다고 해서 반드시 부자가 되는 것은 아닙니다. 그러나 NFT를 알게 되면 부를 축적하거나 지키는 하나의 도구로써 사용할 수 있을 것입니다.

6 NFT에서 저작권과 소유권은 어떻게 구분되나요?

아직 현행법상 NFT를 매수하였다고 하여 저작권을 갖는 것은 아닙니다. NFT 소유자는 소유권만을 가지고 있을 뿐 저작권은 저작권자에게 남게 됩니다. 따라서 거래하는 당사자들끼리의 소유관계와 저작권, 소유권 이용을 어떻게 할 것인지에 대해서는 보충적인 방안이 필요한 상황입니다.

7 NFT는 꼭 암호화폐로만 거래해야 하나요?

현재는 암호화폐로만 거래가 가능하지만 몇몇 플랫폼에서 신용카드로도 거래가 가능한 서비스를 준비하고 있습니다. 하지만 아직 출시되진 않았습니다(2022년 4월 18일 기준). 이 책에서는 현재 기준에 따라 암호화폐를 통해 NFT를 거래하는 방법을 설명할 예정입니다.

8 NFT로 그림을 샀습니다. 이 그림은 언제 오를까요?

NFT 그림을 산다고 해서 무작정 가격이 오르지 않습니다. 실제로 시장에서 인정받는 작품이라는 가치가 있어야 가격에 반영되어 오를 수 있습니다. 이와 별개로 NFT 그림을 소유함으로써 구축된 일종의 '토큰경제(토큰이코노미, 토크노믹스)'로 에어드랍 등의 추가적인

14

이윤을 창출할 수 있는 보상을 제공하여 해당 NFT의 가치가 오르는 경우가 있습니다.

9 NFT로 만들 수 있는 것에는 어떤 것들이 있나요?

소유권 개념이 존재하는 것이라면 어떤 것이든 NFT 적용이 가능합니다. 현재는 적용이 가장 수월한 디지털 아트에서 출발하고 있지만 콘텐츠는 물론이고, 사회적 합의만 있다면 부동산 같은 실물자산에도 얼마든지 적용이 가능합니다.

10 NFT로 바뀔 미래에는 어떤 것들이 있을까요?

이제 단순히 게임이라고 생각했던 가상세계가 현실세계를 넘어 확장되고 융합되는 메타버스라는 새로운 공간이 열리고 있습니다. 이 안에서 존재할 디지털 자산의 소유권을 증명하기 위해서는 NFT의 발전 역시 필연적입니다. 주식 부자, 부동산 부자라는 말이 있듯이 앞으로는 디지털 세상에서도 NFT 부자가 생겨날 것입니다.

차례

1부
블록체인 세계의 핫이슈,
NFT가 뭐길래

2부
NFT 세계를 탐험하기 전
필요한 가이드라인

3부
NFT를 직접 만들고 판매하는 방법

4부
NFT와 메타버스에 간접적으로 투자하자

5부

NFT, 앞으로의 전망과 해결 과제

1부

블록체인
세계의 핫이슈,
NFT가 뭐길래

01

NFT로 만들기만 하면
수억 원이 되는 건가요?

2021년, '매일: 첫 5000일Everydays: The First 5000 Days'이라는 작품이 세계적 권위의 경매 업체 크리스티에서 6930만 달러(약 780억 원)에 낙찰되는 일이 발생했다.

이 그림은 비플Beeple이라는 예명을 사용하는 디지털 아티스트 마이크 윈켈만Mike Winkelmann의 작품으로 그가 2007년부터 13년 동안 매일 그린 디지털 아트를 모자이크 형태로 구성하여 하나의 파일로 만든 것이다. NFT로 발행된 이 디지털 아트는 경매가 100달러로 시작해 6930만 달러에 최종 낙찰되었다. '우리가 매일 스마트폰을 통해 주고받는 JPG 이미지 파일 한 개의 가치가 700억이 넘는다고? 지금 당장 그림판으로 나도 그릴 수 있는 것이 디지털 아트 아닌가?'라고 생각하는 독자들이 있을 수도 있다. 아무리 예술의 세계는 알기 어렵다지만 어떻게 그림 파일 하나가 수백 억으로 거래되는 일이 가능할까?

크리스티에서 낙찰된 비플의 디지털 작품 '매일: 첫 5000일'(출처: makersplace.com)

780억 원, 디지털 그림 파일 하나가 거래된 가격이라고 생각하기엔 믿기 어렵다. 게다가 이 그림은 미술관에 가야만 진품을 볼 수 있는 것도 아니고 누구나 인터넷을 통해 진품과 동일한 그림을 볼 수 있다. 그런 그림을 누군가가 800억 원에 가까운 돈을 주고 사갔다. 이것은 실화이다.

이 경매를 통해 마이크 윈켈만은 현존하는 작가 중 세 번째로 높은 경매가를 가진 작가가 되었다. 생존한 작가 중 비플의 작품보다 비싼 작품은 제프 쿤스Jeff Koons의 '토끼Rabbit'라는 작품(9107만 5000달러)과 데이비드 호크니David Hockeny의 '예술가의 초상Portrait of an Artist: Poo with Figures'이라는 작품(9031만 2500달러), 단 두 개밖에 없다.

크리스티 경매 과정에 대한 생생한 리액션이 담겨 있는 비플의 트위터 게시글(출처: 비플의 트위터 @beeple)

당시 경매 과정에 대한 마이크 윈켈만의 리액션을 담은 영상이 유튜브에 올라와 있다. 그는 영상 속에서 본인 스스로도 낙찰가를 믿지 못하며 가족들과 함께 감격했고 '이제 디지털 아트도 가치를 제대로 인정받는 것 같다'라며 울먹였다. 그럼 매일같이 하루도 거르지 않고 5천 개의 그림을 그린 후 이를 모아서 판다면 누구나 700억 원 이상의 가치를 인정받을 수 있는 것일까? 아마 일반인들에겐 일어나기 어려운 일일 것이다.

같은 해, 트위터에 올린 단 한 줄이 290만 달러(약 34억 원)에 낙찰되는 일도 있었다. 트위터 창업가인 잭 도시Jack Dorsey가 2006년에 트위터에 올린 '내 트위터를 지금 막 세팅했음just setting up my twttr'이라는 포스팅이었다. 이 역시 NFT로 발행되었는데 경매의 시작가는 단돈 1달러였다.

트위터 첫 포스팅으로 기록된 잭 도시의 포스팅(출처: 잭 도시의 트위터 @jack)

'억' 소리가 나는 NFT 화젯거리는 이것으로 끝이 아니다. 테슬라 CEO 일론 머스크의 여자친구이자 가수인 그라임스^{Grimes}는 '워 님 프^{War Nymph}'라는 이름의 NFT 기술이 적용된 디지털 아트 10점을 경매에 올렸다. 이 그림들은 모두 20분 만에 낙찰되어 완판되었는데, 판매가의 합은 580만 달러(약 65억 원)였다. 낙찰자들은 NFT를 통해 디지털 아트에 대한 소유권 보증을 받을 수 있으나 앞서 비플의 사례처럼 그림의 원본은 온라인에서 누구나 볼 수 있다.

낙찰되었던 그라임스의 '워 님프' 중 하나(출처: 그라임스의 트위터 @Grimezsz)

우리는 유명 작가의 진품을 보기 위해 해당 작품이 전시되어 있는 미술관으로 직접 가야 한다. 예술품이 소장된 미술관 근처에 살지 않는 한 실제로 그 나라에 가야지만 작품을 눈에 담을 수 있는 것이다. 전공자나 예술가가 아닌 이상 일반인들은 작품을 보기가 어렵고 '그래서 귀하구나' 하는 느낌 정도로 그 작품의 희소성을 어렴풋이 느낄 수 있다.

그러나 디지털 아트는 진품의 소유자와 동일하게 누구나 진품을 온라인에서 쉽게 볼 수 있다. 접근성이 약하고 희소성도 적다. 거대한 조각 예술 작품처럼 웅장함을 느끼기도 어렵다. 그럼에도 불구하고 수십억 대의 비싼 가격으로 판매가 된다. 어떻게 이런 일이 가능한 것일까?

02

NFT에도 '인싸'가 있었다?
크립토펑크 프로젝트

어떻게 NFT 작품 하나가 그렇게 비싼 가격으로 거래되는지 그 답을 찾기 위해서는 NFT의 과거를 들여봐야 한다. NFT 시장이 지금처럼 대중들에게 관심을 받기 전, 이른바 '인싸' 역할을 했던 NFT계의 선구자적 사례가 있었는데 바로 '크립토펑크Cryptopunks' 프로젝트이다.

크립토펑크는 2005년 매트 홀Matt Hall과 존 왓킨스John Watkinson 가 창립한 라바랩스Larva Labs에서 시작되었다. 2017년, 청년 창업자 둘은 각각 다르게 생긴 1만 개의 픽셀아트를 만들었는데 이것이 오늘날 PEP^{Profile picture} NFT 세계의 시조새 격이라고 불리는 크립토 펑크이다. PFP란 영어 단어 뜻 그대로 프로필 사진으로 쓸 법한 이미지를 NFT화한 것이다. 본인의 초상화를 PEP NFT로 만들 수도 있지만 여기서 말하는 PFP NFT란 특정 NFT 커뮤니티 또는 세계관 내 소속된 사람이라는 것을 의미하는 하나의 장치로 작동한다.

라바랩스는 이더리움 블록체인 플랫폼을 활용하여 여러 개의 조합을 통해 1만 개의 캐릭터를 모두 다르게 탄생시켰는데 남자(6039개)와 여자(3840개), 좀비(88개), 유인원(24개), 그리고 외계인(9개)으로 구성되어 있다. 이렇게 탄생한 크립토펑크는 1만 개를 끝으로 더 이상 발행되지 않고 있다.

픽셀아트로 만들어진 크립토펑크(출처: 라바랩스 Larva Labs)

NFT 세계에서 크립토펑크가 주는 의미는 크게 두 가지가 있다. 우선 크립토펑크가 2017년, NFT라는 개념이 생소했던 시기에 크게 성공한 첫 NFT 프로젝트라는 점이다. 어떤 업종이든 원조라는 부분에 더 가치를 매기듯이 크립토펑크는 NFT 세계에서 원조라는 하나의 상징이 되었고 그만큼 가치 있는 NFT가 되었다.

다른 하나는 크립토펑크가 현재 NFT의 표준 규약으로 사용되는 기술인 ERC721의 필요성을 대두시킨 프로젝트라는 점이다. 참고로 지금 나오는 용어에 대해서는 'NFT에 활용되는 기술을 부르는 용어 중 하나다' 정도로만 인지해도 충분하다. 뒤에 나올 '06 NFT를 이해하기 위한 핵심 용어 12'에서 자세히 설명하니 여기서는 일단 읽고 넘어가도록 하자.

크립토펑크가 탄생했을 때만 해도 ERC721이 없었기에 ERC20의 프로토콜로 크립토펑크가 제작되었다. ERC20의 경우 이더리움 플랫폼을 통해 토큰을 만드는 프로토콜인데 이는 대체불가능한 토큰을 만드는 기술은 아니었다. 그렇기에 크립토펑크는 진정한 NFT를 만들기 위해 ERC721이라는 기술개발에 영향을 끼친 프로젝트라는 평가를 받는다.

당시 라바랩스의 크립토펑크는 실험적인 프로젝트였기 때문에 1만 개 중 9000개를 당시 이더리움 지갑을 가진 사람에게 무료로 배포했다. 그리고 나머지 1000개는 라바랩스의 개발자들에게 나누어 주었다. 그 당시만 해도 NFT에 대한 관심이 정말 없었을 때였다. 그럴 수밖에 없었을 거다. 실물에 가까운 화질의 디지털 아트가 구현되는 요즘 세상에 깨져 보이는 이 픽셀아트에 관심을 갖기란 정말 어려운 일이지 않았을까? 아마 당시에 라바랩스의 창업자가 친한 지인이라 공짜로 나눠준다고 해도 '뭘 이런 걸?'이라고 하면서 관심이나 가졌을지 의문이다. 하지만 이렇게 1만 개를 발행했던 크립토펑크는 이후의 PFP NFT들에 많은 영향을 주게 된다. 그래서인지 크립토펑크 이후에 발행되는 PFP NFT는 1만 개라는 개수가 표준이 되었다.

그로부터 시간이 흐른 후 2022년 2월 기준으로 1만 개의 크립토펑크 중 5822호는 8000이더리움에 판매되어 1등 판매가를 기록하고 있다. 이는 우리나라 돈으로 약 300억 원에 가까운 금액이다. 그 외 7804호나 3100호의 외계인 아이콘도 무려 4200이더리움(약 140억 원)에 판매가 되었다. 저렴하다는 말이 어울리지 않지만 가장 저가인 크립토펑크의 가격도 현재 수억원대에 이른다.

여기서 독자들은 한 가지 의문을 품게 될 것이다. 어떻게 8비트짜리 픽셀아트가 갑자기 수십억대 이상의 가치를 인정받게 된 것일까? 앞서 설명한 바와 같이 크립토펑크의 1만 개 디지털 이미지는 모두 NFT로 발행이 되어서 원본 여부를 보장받을 수 있지만 원본을 보장받는다는 사실만으로 높은 가격을 설명하긴 어렵다.

경제학적 측면에서 보면 공급량이 1만 개로 한정되기 때문에 가

Top Sales by Ether Value
(sort by USD)

1 #5822 8KΞ ($23.7M) Feb 12, 2022	**2** #7804 4.2KΞ ($7.57M) Mar 11, 2021	**3** #3100 4.2KΞ ($7.58M) Mar 11, 2021	**4** #5577 2.5KΞ ($7.7M) Feb 09, 2022	**5** #4156 2.5KΞ ($10.26M) Dec 09, 2021	**6** #5217 2.25KΞ ($5.45M) Jul 30, 2021
7 #8857 2KΞ ($6.63M) Sep 11, 2021	**8** #7252 1.6KΞ ($5.33M) Aug 24, 2021	**9** #2140 1.6KΞ ($3.76M) Jul 30, 2021	**10** #2338 1.5KΞ ($4.32M) Aug 06, 2021	**11** #6275 1.32KΞ ($5.12M) Sep 04, 2021	**12** #7121 1.18KΞ ($3.08M) Jan 30, 2022
13 #7252 1KΞ ($2.53M) Aug 04, 2021	**14** #6275 1KΞ ($3.89M) Sep 04, 2021	**15** #2681 900Ξ ($3.07M) Jan 06, 2022	**16** #8888 888.80Ξ ($2.87M) Aug 28, 2021	**17** #3831 850Ξ ($2.08M) Jul 30, 2021	**18** #6649 810Ξ ($1.98M) Jul 31, 2021
19 #6965 800Ξ ($1.54M) Feb 19, 2021	**20** #2140 750Ξ ($1.18M) Mar 02, 2021	**21** #8472 700Ξ ($1.71M) Jul 30, 2021	**22** #3011 667Ξ ($1.76M) Apr 27, 2021	**23** #4156 650Ξ ($1.25M) Feb 18, 2021	**24** #2890 605Ξ ($761.89K) Jan 23, 2021

2022년 2월 기준 가장 많이 팔린 크립토펑크 순위. 크립토펑크의 최고 판매가는 8000이더리움
이다(출처: 라바랩스 Larva Labs)

지고 싶은 사람들의 수요 욕구가 1만 개 이상이 된다면 희소성 부
분은 확실히 보장받을 수 있다. 그러나 희소하다는 이유만으로는
이 픽셀아트의 높은 가격을 설명하기에 충분하지 않다. 만약 내가
그린 그림이 단 한 장이라면 희소성 측면에서 봤을 때 크립토펑크

보다 더 희귀하겠지만 아무도 관심이 없고 사지 않으려고 하는 이유와 같다. 희소하다고 해서 그것이 누구든지 갖고 싶어한다는 것을 의미하는 게 아니기 때문이다. 결국 높은 가격을 지불하더라도 사겠다는 수요가 있어야만 가격을 끌어올릴 수 있는데, 그 수요자들은 바로 우리가 흔히 아는 세계적으로 유명한 '인싸'들이었다.

우리나라에도 힙합 아티스트이자 비욘세의 남편으로 잘 알려진 제이지Jay-Z는 크립토펑크 6096호를 구매하여 자신의 트위터 프로필 사진으로 사용하고 있고, 전설적인 힙합 가수인 스눕독Snopp-Dogg은 크립토펑크 9개를 보유한 것으로 알려져 있다. 그 외에도 세계적으로 유명한 테니스 선수 셀레나 윌리엄스Serena Williams도 남편에게 본인과 비슷하게 생긴 크립토펑크를 선물받아 트위터 계정 프로필로 사용했던 적이 있었다.

그 외에도 암호화폐의 큰손들이 크립토펑크를 구매하면서 그 가

제이지의 트위터 프로필은 크립토펑크 6096호다(출처: 제이지의 트위터 @sc))

격이 크게 상승하는 배경이 되었다. 그럼 그들은 왜 크립토펑크를 구매하게 되었을까? 이유는 바로 상징성에 있다. 아무나 사지 못하는 크립토펑크를 보유함으로써 암호화폐 시장을 선도하는 트렌드 세터라는 사회적인 이미지를 구축하거나 현재의 위치를 더욱 공고히 하고, 부와 사회적 지위를 상징하는 또 하나의 형태로 디지털 자산을 활용한 것이다.

그렇지만 아직도 단순한 픽셀 형태의 디지털 파일이 왜 이렇게까지 비싸게 거래되고 있는지 충분히 이해되지 않을 것이다. 돈이 너무 많아서 쓸 때가 없기 때문에 사는 것은 아닐 테니 말이다. 천문학적인 금액으로 NFT가 거래된다는 뉴스를 접할 때마다 주변의 많은 사람들이 의아하다는 반응을 보인다. 단순한 24X24 픽셀 이미지의 사용 용도가 그저 트위터 같은 소셜미디어의 프로필용이라고 생각한다면 받아들이기 어려운 것도 사실이다. 좀 더 알아보도록 하자.

03

게임이 된 NFT, 대중화가 시작되다

'크립토키티Cryptokitties'는 2017년 10월에 게임 개발회사인 대퍼 랩스Dapper Labs가 만든 게임이다. 크립토펑크와 마찬가지로 이더리움 플랫폼을 기반으로 개발되었는데 유저들은 마치 사람의 DNA처럼 NFT를 통해 각각의 고유한 특징을 부여받은 가상세계 속 고양이들을 교배시켜서 희귀한 고양이를 탄생시키고 육성시켜 수집하는 게임이다.

처음부터 1만 개의 한정 수량으로 제작되었던 크립토펑크와는 다르게 크립토키티는 교배를 통해 계속해서 희귀한 고양이들을 만들고 수집할 수 있다. 이렇게 교배를 통해 탄생한 크립토키티는 서로 똑같은 것이 없고 전 세계에서 유일한 단 하나의 캐릭터를 수집한다는 희소성을 가지고 있는데 이는 크립토펑크의 개념과 동일하다.

크립토키티 중에 가장 비싼 드래곤키티(출처: 크립토키티 홈페이지 www.cryptokitties.co)

크립토키티 중 가장 비싼 가격으로 거래되었던 드래곤키티는 2018년 9월 기준 600이더리움이었는데 한화로 무려 21억 원에 달하는 가격이다. 지금까지 이 가상의 고양이들은 약 27만 마리가 판매되었고 전체 판매액은 약 200억 원에 다다른다.

크립토키티들이 모두 이렇게 비싼 것은 아니다. 웹사이트에 들어가보면 0.005이더리움(약 17000원)으로도 거래가 가능한 크립토키티들이 있다.

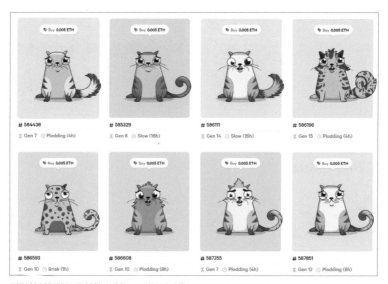

저렴한 가격에도 구입할 수 있는 크립토키티들(출처: 크립토키티 홈페이지 www.cryptokitties.co)

크립토키티는 크립토펑크와는 다르게 오늘날 NFT의 표준안이라고 인식되는 ERC721 프로토콜을 기반으로 만들어진 NFT이다. 앞서 등장한 크립토펑크의 경우 대체 가능한 암호화폐를 발행할 때 사용되는 ERC20 프로토콜로 발행되었다. 대체 불가능한 토큰으로 변형되기 위해서는 사실상 기술적인 장치들이 더해져야 했는데 이를 위해 ERC721 프로토콜이 탄생하게 되었다. ERC721이라는 용어에 대해서는 2부에서 좀 더 자세히 설명할 예정이다. 지금은 용어와 대략적인 내용에 대해 익숙해지는 과정으로 생각하자.

이후 대퍼랩스는 크립토키티 외에도 NBA의 경기 명장면을 짧게 담아 NFT로 발행하기도 했다. 'NBA탑샷'이라는 것인데 한때 르브론 제임스Lebron James의 덩크슛 장면이 20만 8000달러에 팔려 나갈 정도로 큰 인기를 끌었다. NBA탑샷은 그 이후 3억 500만 달러 규모의 투자를 유치했는데 투자자 명단에는 마이클 조던, 케빈 듀란트와 같은 NBA의 전설적인 선수뿐만 아니라 윌 스미스, 애쉬튼 커쳐 같은 할리우드 배우들도 올라 있다. 대퍼랩스는 투자 유치를 통해 기업가치 26억 달러를 인정받게 되었다. 어떻게 누구나 열람이 가능한 디지털 자산에 NFT 기술을 입혔다는 사실만으로 가치가 생기고 비싼 가격이 형성되는 걸까? 그저 슈퍼스타들의 돈 잔치라고 느껴지지 않는가? 아직 더 설명이 필요하다.

04

돈이 너무 많아 사는 게 지루해진
원숭이들의 모임

돈을 얼마나 많이 벌면 세상살이가 지루해질까? 셀 수도 없을 정도의 돈을 가진 슈퍼리치가 된다면 이런 감정을 느낄 수 있지 않을까? 여기 이미 돈 맛을 충분히 본 나머지 세상살이가 지루해진 원숭이들의 모임이 있다. 바로 BAYC^{Bored Ape Yacht Club}이다. 앞서 보았던 크립토펑크와 마찬가지로 PFP NFT면서 그들보다 후발주자이다. BAYC 캐릭터들을 보면 이름처럼 하나같이 다 지루해 죽겠다는 듯한 표정이다.

'지루한 원숭이들의 모임(이하 BAYC)'은 유가랩스^{Yuga Labs}라는 회사에서 네 명의 창업자들이 만들었다. '크립토펑크'와 마찬가지로

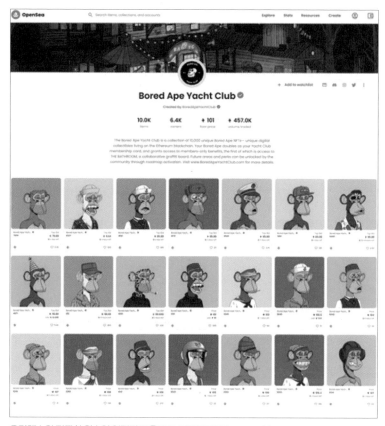

유가랩스의 지루한 원숭이 이미지 모음(출처: 오픈씨 홈페이지 opensea.io)

시작과 함께 1만 마리의 원숭이가 탄생했고 이 원숭이들은 한 마리
당 200달러에 판매됐다. 후발주자임에도 트위터와 디스코드 같은
커뮤니티에 BAYC 원숭이를 보유한 소유자들의 활동이 늘어나며
유저의 숫자는 크립토펑크를 넘어섰다. 최저 가격 기준으로도 약

3.5억 원으로 크립토펑크보다 더 높은 가격에 형성되어 있다.

BAYC의 이런 흥행에는 앞서 보았던 크립토펑크나 크립토키티와 조금 다른 점이 있다. 먼저 온라인과 오프라인 공간과의 연결이다. 2021년 10월 BAYC는 원숭이를 실제로 보유하고 있는 사람들만 입장이 가능한 오프라인 행사를 기획했다. 요트까지 빌려서 진행한 대규모 행사였다. 소유자들끼리만 교류할 수 있기에 그들의 영향력을 행사할 수 있는 인플루언서들의 모임이기도 했다. 이런 이유로 전 세계에서 소위 말하는 '핫' 한 사람들만 모일 수 있는 사교클럽이 되어 많은 사람들의 부러움을 샀다.

또 크게 차별점을 둔 부분은 바로 본인이 소유하고 있는 BAYC의 이미지를 상업적으로 활용할 수 있게 했다는 점이다. BAYC 원숭이를 가진 소유자는 티셔츠, 모자 등의 굿즈를 제작하여 판매 할 수 있는 상업적 권리까지 인정받게 된다. 이 부분이 크립토펑크와의 차별점으로 평가받는다. 이렇게 직접 보유자들이 스스로 영역을 넓히면서 BAYC를 전 세계에 톡톡히 알릴 수 있게 되었다.

NFT의 세계에서 소유권과 저작권은 별개이다. 예를 들어 내가 유명작가의 그림을 NFT로 소유했다 하더라도 저작권자의 허락 없이는 이를 상품으로 제작해 판매할 수 없는 것과 같은 원리다.

결과적으로는 많은 사람들이 NFT를 하나의 사회적 계급 증표로써 갖고 싶은 마음이 BAYC의 희소성을 올리게 되었고 현재 PFP NFT 세계에서 가장 높은 평균가를 보여주는 NFT가 되었다. 결국 BAYC를 만든 유가랩스는 후발주자임에도 원조 격인 라바랩스로부터 크립토펑크를 인수하는 데 이른다.

BAYC는 사람들의 포모^{FOMO}심리를 정확하게 타격한다. BAYC 홈페이지 배경화면에 있는 아지트 같은 건물 이미지를 보면 'FOMO'라는 전광판이 보인다. 포모란 '소외되는 것에 대한 두려

BAYC 홈페이지 배경화면에 'FOMO'가 적힌 간판이 보인다(출처: boredapeyachtclub.com)

움Fear Of Misiing Out'의 약자로 다른 사람들이 참여하여 혜택을 보는 일에 본인만 상대적으로 뒤쳐지는 것에 대한 두려움을 뜻하는 마케팅 용어이다. 유가랩스의 BAYC는 이렇게 대놓고 그들만의 세계를 구축하고 있고, BAYC가 없는 사람들은 포모를 느낄 수밖에 없는 세상을 만들어 나가고 있다.

'2021 원숭이들의 축제에 대한 정보는 BAYC 디스코드에 올림'이라는 트위터 포스팅. 정보를 회원들끼리만 폐쇄적으로 공유하고 있는 모습이다(출처: BAYC의 트위터 @BoredApeYC)

위에서 본 기업들의 사례 외에도 이제는 많은 개인들이 NFT 시장에 참여하고 있다. 이쁜 카페나 음식점에 가면 셀카 촬영에 한참인 사람들을 간혹 볼 수 있다. 그런데 누군가 지금까지 찍은 내 셀카를 비싸게 사준다면 어떨까? 이상한 망상이라는 생각이 들지만 실제로 인도네시아의 한 대학생이 5년 동안 찍은 셀카 약 1천 장을 NFT로 올렸었다. 본인 스스로도 아무도 사지 않을 거라고 생각했

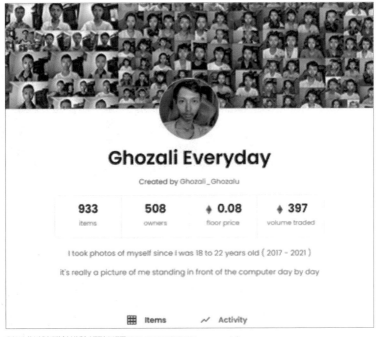

인도네시아 대학생의 셀카 NFT(출처: 오픈씨 홈페이지 opensea.io)

던 셀카들이 놀랍게도 100만 달러(약 12억 원)에 판매되어 화제가 된 뉴스도 있었다.

또한 일종의 밈Meme 현상을 보여줬던 '재난의 소녀'라는 NFT 가 약 50만 달러에 판매된 사례도 있다. 이것은 2005년도에 한 아 버지가 자신의 4살된 딸을 촬영한 사진으로 인터넷상에서 많은 유 저들에게 공유되었는데 NFT로 제작돼 판매된 것이다. 16년도 더 전의 사진으로 사진 속 아이는 벌써 대학생이 되었다.

재난의 소녀(Disaster
girl) 밈(출처: 오픈씨 홈페이
지 opensea.io)

앞서 보왔던 사례들 외에도 방귀소리를 모아 만든 NFT가 약 50
만 원에 판매된 황당한 사례도 있다. 이 글을 읽고 난 독자들 중에
이제부터라도 당장 셀카를 찍거나 방귀소리라도 모아야 되나 하는
생각을 갖는 분이 있을지도 모르겠다.

상식적으로 이러한 현상이 아직 이해가 안될 수도 있다. 왜 NFT

에 돈이 모이고, 기업들마저 속속 투자하고 있는지 뜨거워지는 NFT 세계 속의 현상을 보다 더 이해할 수 있도록 알아보자.

2부

NFT 세계를
탐험하기 전
필요한 가이드라인

05

갑자기 나타난 NFT,
대체 그게 뭔가요?

대체 NFT란 무엇일까? 사전적 정의로 보면 NFT는 블록체인 기술을 기반으로 탄생한 대체 불가능한 토큰(Non-Fungible Token)을 뜻한다. 이제는 상장주식 이상의 거래량을 보여주는 비트코인, 이더리움과 같이 서로 거래할 수 있는 암호화폐와는 다르게 특정 자산에 대해 유일한 진품이라는 것을 증명해 주는 블록체인의 기술을 부르는 이름이 NFT다.

NFT를 활용하면 대체할 수 없는, 유일한, 하나뿐인 자산임을 인정받는 것이다. 무슨 말인지 아직은 어렵다. 그래서 우리는 두 가지 키워드로 NFT가 무엇인지 알아볼 것이다. '대체 불가능' 그리고 '토큰', 이 두 키워드로 NFT를 쪼개보자.

모든 컨텐츠는 NFT로 만들 수 있다

'대체 불가능'의 의미

먼저 '대체 불가능'이라는 부분부터 살펴보기로 하자. '대체 불가능'이라는 말은 '교환이 불가능하다'라는 말로 바꿔보면 쉽게 이해할 수 있다. 앞서 말한 비트코인이나 이더리움 같은 암호화폐는 가상자산 거래소를 통해 매수한 이후 다시 수많은 시장 참여자들에 의해 거래되고 원화로 교환될 수 있다.

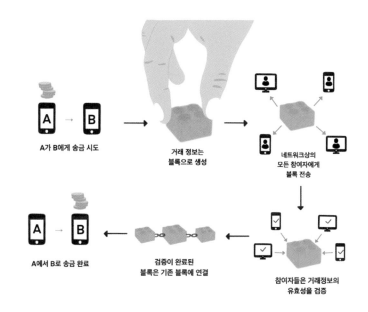

A가 B에게 송금 시도

거래 정보는
블록으로 생성

네트워크상의
모든 참여자에게
블록 전송

A에서 B로 송금 완료

검증이 완료된
블록은 기존 블록에 연결

참여자들은 거래정보의
유효성을 검증

암호화폐의 거래 과정

비트코인이나 이더리움같이 유명한 암호화폐가 아닌 다른 암호화폐를 교환하는 것도 마찬가지이다. 이는 5만 원 권의 지폐를 1만 원 권 5장으로 교환하는 것과 똑같다. 한 가지 더 예를 들면 우리가 해외여행을 가기 전에 원화를 해당 국가의 화폐로 교환하는 것도 마찬가지이다. 즉 상호적으로 균등한 가치가 있다는 전제하에 시장에서 정해진 교환 비율에 따라 얼마든지 교환이 가능하다는 의미이다.

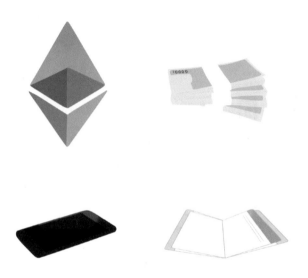

2022년 3월 기준 이더리움 1개는 약 350~400만 원에 거래되고 있다

　　그러나 이런 경우라면 어떨까? 상상만 해도 즐거운 가상의 사건 하나를 예시로 들어보겠다. 2022년 카타르 월드컵에서 우리나라가 2002년 월드컵의 영광을 재현하며 4강 신화를 한 번 더 해냈다고 가정해 보자. 안타깝게도 준결승전에서는 브라질에 졌지만 3-4위전을 치르는 순간을 말이다. 3-4위전에서 우리나라는 독일에 역전

승을 거두게 되었고 그 역전 골의 주인공은 바로 손흥민 선수다. 그때 경기장에 있던 당신이 우연히 손흥민 선수의 친필 사인을 그가 신었던 축구화에 받아왔다고 가정하자. 생각만 해도 얼마나 비싸게 팔릴지, 얼마나 많은 사람들이 사려고 할지 상상이 되지 않을 것이다. 누군가가 그 축구화와 동일한 브랜드의 새 것으로 바꾸자고 제안한다면 어떨까? 이런 상황에서 바꿀 사람이 과연 있을까?

당신이 친필 사인의 축구화 소유주라면 새 축구화라고 해도 절대 바꾸려 들지 않을 것이다. 100켤레와 바꾸자고 해도 바꿀까? 어느 정도 금액을 불러야 바꾸겠다는 마음이 들까? 1억? 10억? 마찬가지일 것이다. 시장에서 쉽게 살 수 있는 축구화 한 짝임에도 교환이 불가능한 이유는 그 축구화가 전 세계에 단 하나뿐인 유일한 것이 되었기 때문이다.

NFT의 가장 중요한 속성인 '대체 불가능'의 개념을 제대로 잡을 수 있다면 NFT에 대한 이해가 무척 쉬워지기에 하나의 예시를 더 들어보겠다. 여권이 그 좋은 예다. 나랑 똑같이 생긴 쌍둥이 가족이 있다고 가정했을 때 해외여행을 간다면 쌍둥이끼리는 여권을 바꿔도 문제가 없을까? 그렇지 않다. 왜냐하면 여권에는 내 얼굴이 정확하게 보이는 정면 사진과 함께 그동안 어떤 나라를 다녀왔는지에 대한 도장, 그리고 여권 발급 시에 1회만 정보 입력이 가능하도록 설계된 전자칩이 들어가 있기 때문이다. 즉 우리가 공항에서 아무리 닮은 사람을 찾아 여권을 바꾼다고 해도 그 여권이 내 신분증을 대신하지 못한다. 이것이 NFT가 말하는 '대체 불가능'의 의미이다. 세상에 하나뿐인 내 여권을 남과 바꿔서 사용할 수 없는 것처럼 말이다.

'코인'과 '토큰'은 다르다

대체 불가능에 대해 이해했으니 이제 '토큰'으로 넘어오자. 비트코인, 이더리움, 도지코인, 트론, 퀀텀 등 많이 들어봤거나 한 번쯤 들어본 수많은 코인들과 토큰의 차이를 이해하고 나면 점점 NFT가 무엇인지 손에 잡히게 될 것이다.

암호화폐에 대해 잘 알고 거래도 해본 사람에게 코인과 토큰에 대해 물어봐도 '코인, 토큰 둘 다 거래소에서 사고 팔 수 있던데 똑같은 것 아닌가요'라는 대답을 듣는 게 대부분이다. 혼용해서 사용하기도 하지만 결론부터 말하면 코인과 토큰은 엄연히 다르다.

코인과 토큰의 차이는 바로 '자체 블록체인 네트워크 기술 보유'의 유무를 말한다. 이것을 어떻게 알까? 쉽게 말하면 우리가 이제는 자주 쓰는 용어인 '플랫폼'의 유무가 그 차이이다. 또 다른 용어로는 '메인넷Mainnet의 유무'라고도 말할 수 있다. 갑자기 생소한 용어가 쏟아져 나온다고 해서 겁먹을 필요 없다. 책에서 반복적으로 설명을 할 예정이니 읽다 보면 어느새 이해할 수 있을 것이다. 그러니 앞에서부터 너무 걱정할 필요는 없다.

다시 돌아와서 자체적인 블록체인 플랫폼 유무가 코인과 토큰을 가른다고 할 수 있다. 앞서 설명한 NFT의 사례에서 크립토펑크나 크립토키티들은 모두 '이더리움 플랫폼을 기반으로 하여 탄생한 NFT'라고 설명한 적 있다. 이 말이 결국 코인과 토큰의 차이를 의미한다. NFT란 이더리움과 같은 블록체인 플랫폼을 기반으로 하여 대체 불가능한 '토큰'을 발행하는 것을 의미한다.

토큰은 독자적인 블록체인 플랫폼을 가지지 않고, 이더리움 플랫폼과 같이 생태계가 구축되어 있는 코인을 기반으로 발행된다. 이것을 다른 말로 메인넷이라고도 부른다. 대부분의 토큰은 구현되고 시간이 흐른 뒤 자체적으로 독립적인 생태계를 갖기 위해 플랫폼, 즉 메인넷을 구축한다. 초반에는 다른 플랫폼을 기반으로 개발에 들어가고 이후 독자적인 생태계를 구축하는 것이다. 구체적으로 설명하면 블록체인은 중앙화된 서버, 중앙기록기관 등이 없고 노드Node라고 불리는 분산된 각각의 구조를 가지고 있는 것을 말한다. 결국 메인넷이라는 것은 다른 코인의 노드를 기반으로 하지 않고, 독자적인 노드를 보유하고 있는 상태를 말한다.

처음부터 이런 생태계를 구성하고 있기는 어렵기 때문에 다른 메인넷에 기생하여 탄생하는 형태를 갖추게 된다. 하지만 자체적인 플랫폼을 구축하기 위해 필요한 부분에 대한 충분한 기술적 검토가 있고, 이를 구축할 수 있는 엔지니어와 일정 수준 이상의 사용자 수가 확보되고, 금전적인 상황도 양호하다면 메인넷을 구축하기에 충분한 리소스가 있다고 판단해 메인넷을 구축한다. 이렇게 토큰에서 하나의 생태계를 가지고 있는 코인으로 전환하는 흐름을 가지고 있다.

메인넷은 독자적인 노드를 구성하고 다양한 환경에 쓰이도록 생태계를 구성한다

단순히 토큰의 네이밍을 코인에 붙일 수도 있다. 메인넷의 유무로 토큰과 코인을 구분하지만 토큰을 유틸리티 코인, 플랫폼 코인, 결제형 코인 등 사용 목적에 따라 분류할 수도 있는데, 이렇게 나눠진 코인 안 토큰에 해당 토큰을 발행한 코인의 이름을 붙혀서 부르는 것이다.

그러나 결국 코인과 토큰의 차이는 자체적인 블록체인 네트워크 망을 보유하고 있는지로 구분한다는 것을 알아두자. 우리가 알고 있는 많은 코인들은 메인넷이라는 자체적인 블록체인 생태계를 갖추고 있지만 토큰은 이러한 다른 코인들이 구축해둔 블록체인 환경을 활용하여 탄생한 것이라고 정리하면 된다.

지금 우리가 말하고 있는 NFT도 토큰이다. 우리는 이제 토큰이라는 말에서 바로 알 수 있듯이 NFT는 다른 코인의 블록체인 망을 활용한다고 보면 된다. 대체불가능한 '코인'이 아니라 '토큰'이라 부르는 이유는 NFT가 다른 코인의 생태계를 기초로 하여 탄생한 것이기 때문이다.

그렇다면 NFT는 활용하는 블록체인이 각각 다를까? 현재 대부분의 NFT는 이더리움을 통해서 발행되고 있지만 클레이튼, 솔라나와 같이 NFT가 발행될 수 있도록 생태계를 제공하는 다른 코인들도 있다. 왜 비트코인은 해당하지 않는지 의아한 독자도 있겠다. 비트코인은 거래형 코인으로 불리는데 금융거래만 가능한 1세대 코인에 속한다. 이더리움은 이후 발행된 코인으로 스마트 컨트랙트 Smart Contract 기능을 가지고 있기에 NFT 발행의 주체가 되는데, 이것이 무엇인지는 뒤에서 좀 더 자세히 설명하겠다.

　NFT를 발행할 때 대표적으로 활용되는 이더리움은 일종의 거래 수수료라 할 수 있는 가스비가 비싸고 느리다는 단점이 있다. 느린 이유는 네트워크 사용량이 많아지기 때문인데 이때 비용도 올라가는 단점이 생긴다. 마치 출퇴근길 남산 터널을 이용할 때 교통혼잡 통행료가 붙는 것과 비슷하다고 생각하면 된다.

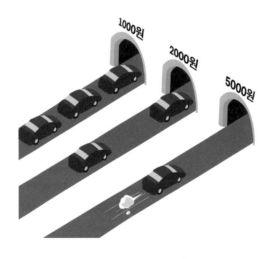

이더리움은 가스비를 더 부담할수록 거래 순서가 빨라지고 이 때문에 가스비가 상승하게 된다

이더리움 외에도 우리나라에서 자체적으로 만든 클레이튼^{Klaytn} 이라는 코인도 있다. 카카오의 자회사인 그라운드X가 개발했는데 이더리움에 비해 가스비가 매우 저렴하다. 이는 이더리움보다 인지 도가 상대적으로 낮다는 의미이기도 하다.

NFT 세계에서 하나의 플랫폼으로 자리잡은 국내산 블록체인

NFT라는 토큰이 생성되려면 컴퓨터를 사용하기 위해 설치해야 하는 윈도우나 리눅스같이 OS(Operating System)역할을 하는 블록체 인 생태계가 필요하다.

이더리움이 블록체인 생태계 중에 대장 역할을 하고 있지만 모 든 NFT가 이더리움 위에서만 탄생하는 것은 아니다. 카카오 코인 으로도 불리는 국내산 클레이튼 코인이 예시다. 클레이튼이라는 것 은 앞서 보았던 이더리움과 마찬가지로 독자적인 블록체인 생태계 를 가지고 있는, 즉 메인넷을 가지고 있는 코인의 이름이다.

클레이튼의 가장 두드러지는 특징이자 장점은 전 국민이 사용하 는 메신저 카카오톡에 클립^{Klip}이라는 이름의 블록체인 지갑 서비 스를 제공한다는 것이다. 카카오톡만 있다면 누구나 쉽게 코인을 보관할 수 있는 블록체인 지갑을 사용할 수 있다. 우리나라에서 카 카오톡을 쓰지 않는 사람이 거의 없다는 것을 감안한다면 그만큼 한국 내 인프라 면에서 압도적인 장점을 가지고 있다.

　이처럼 클레이튼은 우리나라에서 이더리움보다 높은 대중성과 개선된 네트워크 속도를 강점으로 내세우고 있다. 클레이튼 외에도 NFT로 활용되는 코인 플랫폼으로는 대표적으로 솔라나^{Solana}가 있다. 솔라나도 이더리움보다 빠른 처리 속도와 저렴한 수수료를 차별점으로 내세우며 생태계를 확장해 나가고 있다.

클레이튼을 담는 지갑 클립
소개(출처: 그라운드X 홈페이지
www.groundx.xyz)

NFT를 통해 거래이력과 소유권을 투명하게 기록한다

우리는 NFT라는 대체불가능한 토큰에 대해 '대체불가능'이라는 개념과 '토큰'의 개념으로 나누어서 살펴보았다. 이제 마지막으로 NFT의 주요 특징 한 가지만 더 살펴보자. 그것은 바로 '소유권에 대한 거래이력 보존이 투명하게 관리된다는 점'이다.

NFT에 한번 기록이 되면 마치 부동산이나 법인의 등기부등본처럼 최초에 누가 발행을 했고, 가격이 얼마였고, 누구에게서 누구에게 팔렸는지 등에 대한 모든 거래이력이 투명하게 남고 누구나 확인이 가능하다. 사실 블록체인이라는 기술이 '해킹이 불가능하고 입력된 정보가 오류 없이 완전하다'고 가정할 수 있다면 거래이력을 남길 수 있는 NFT는 대체 불가능한 토큰이라는 의미 그대로 기술의 장점을 100% 완전하게 활용하는 것이라고 말할 수 있다.

이렇게 소유권에 대한 분명한 증명이 가능한 NFT 기술은 부분적인 소유권에 대한 증명도 가능하기 때문에 유동성을 더할 수 있고, 한 사람이 소유하기에는 금액이 너무 큰 자산의 경우에도 얼마든지 소유권을 분배하여 소장할 수 있다. 마치 부동산을 공동명의로 소유하는 것처럼 말이다.

결론적으로 NFT는 '소유권에 대한 이력과 증명이 가능한 디지

털 등기부등본이며, 분실 시 재발급이 불가능한 블록체인의 공인인

증서이다'라고 정의 내릴 수 있겠다.

06

NFT를 이해하기 위한
블록체인 핵심 용어 12

앞서 NFT의 세계에서 일어나고 있는 핫이슈를 통해 왜 지금 NFT가 뜨거울 수밖에 없는지에 대해 이야기해 보았다. 이처럼 중요한 NFT를 이해하기 위해서는 블록체인 기술에 대한 이해가 어느 정도 필요하다. 그렇다고 우리가 IT 엔지니어 수준으로 알아야 하는 것은 아니다. 일정 수준을 이해하기 위해서는 블록체인 용어가 어떤 의미를 가지고 있는지, 어떤 기술을 말하는지에 대한 이해만 있어도 큰 도움이 된다.

그래서 이번 장에서는 NFT를 좀 더 이해하기 위해 블록체인에서 자주 등장하는 핵심 용어 12개를 선정해 보았다. 기술적 용어로 설명하기 때문에 이러한 용어에 익숙하지 않은 사람들은 블록체인이 어렵다고 지레 생각하면서 이해를 포기하고 만다. 그러나 전혀 어렵지 않다. 직접 기술을 익히는 것이 아니기 때문에 개념적으로만 이해해도 충분히 NFT 세계에 참여할 수 있다. 이 정도만 알아두어도 앞으로 언론에 보도되는 기사들이나 커뮤니티의 글을 읽을 때 좀 더 수월한 느낌을 받을 수 있을 것이다.

이 책은 기술 서적이 아니기 때문에 그림을 최대한 활용해 독자들의 직관적이고 개념적인 이해를 도우려 한다.

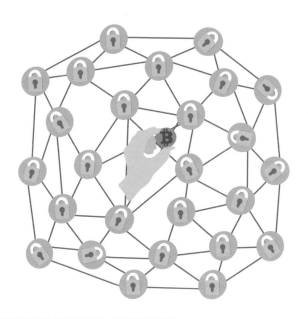

여러 가지 정보가 복잡하게 얽혀 있는 블록체인의 세계

1. ERC20과 ERC721은 인터넷 도로명 주소인가요?

ERC20이란 'Ethereum Request for Comment 20'의 약자로 이더리움의 블록체인상에서 토큰을 발행할 때 기준이 되는 프로토콜을 의미한다. 앞서 설명했듯이 윈도우나 리눅스 같은 OS(Operationg System, 운영체제)가 있으면 해당 OS에서 실행이 가능하도록 그 환경 안에서 어플리케이션을 개발해야 한다.

마찬가지로 이더리움 블록체인상에서 구동 혹은 유통이 가능하도록 하려면 이더리움 플랫폼 내에서 토큰을 만드는 데 필요한 기준, 규칙을 따라야 하는데 이것이 바로 프로토콜이다.

우리가 갤럭시와 아이폰을 충전할 때 각각에 맞는 케이블을 꽂아야 하듯 이더리움이라는 플랫폼과 호환이 될 수 있도록 개발규칙을 정해놓은 것이다. 현재 가상자산 거래소에서 거래되고 있는 많은 토큰들은 대부분 이더리움의 ERC20으로 발행되었다. 대표적인 토큰으로는 오미세고, 스테이터스네트워크, 샌드박스 등이 있다. 이렇게 ERC20 기반으로 발행된 토큰들은 서로 다른 암호화폐끼리도 교환이 가능하다는 특징이 있다. 또한 블록체인을 담는 지갑도 ERC20을 지원하는 지갑이라면 서로 보내거나 저장할 수 있다.

ERC20 외에도 아래에서 바로 살펴볼 ERC721이 있고 그 외에도 ERC223, ERC1155같이 이더리움 블록체인상에서 정해놓은 여러 개의 프로토콜이 있다. 우리는 NFT에 대해 공부하고 있으므로 이 중에서 ERC20과 ERC721만 좀 더 공부하기로 하자.

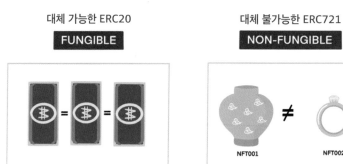

ERC20, ERC721의 특징

우리는 NFT의 약자에서 T의 토큰을 제외하고 NF의 의미가 'Non-Fungible(대체 불가능)'이라는 것을 이제는 알고 있다. ERC20 과 ERC721의 의미는 둘 다 이더리움이라는 블록체인 네트워크의 표준 규격들 중 하나지만 가장 큰 차이점은 결국 대체 가능성Fungible 여부라고 볼 수 있다.

예를 들어 ERC20을 기반으로 발행된 '서울토큰'이라는 이름을 가진 토큰이 있다고 가정해 보자. 서울토큰이 가상자산 거래소에 상장되어 거래가 되고 있다면 어떤 거래소를 통해서 거래가 되든지 모두 동일한 암호화폐로 동일한 가치가 있어 대체 가능하며 교환이 가능하다. 이것은 1만 원이라는 원화가 어디 은행에서나 동일한 가치를 인정받으므로, 송금이나 정해진 교환 비율에 따라 외화로의 환전 등이 가능한 것과 동일하다.

반면에 ERC721 기반의 토큰은 사실상 NFT를 말한다고 봐도 무방하다. NFT에 최적화되어 만들어진 이더리움의 규약이기 때문이다. 앞서 말했듯 NFT는 대체불가능한 토큰을 의미한다. ERC20 기반으로 발행된 토큰과 달리 ERC721을 기반으로 발행된 토큰은 유일한 고유의 가치를 보유하고 있다. 우리가 1부에서 봤던 크립토키티가 바로 ERC721을 기반으로 탄생한 NFT이다. 교배를 통해 탄생한 크립토키티들 중 동일한 고양이는 단 한 마리도 없다. 우리집에서 내가 키우는 내 고양이가 유일한 한 마리인 것처럼 말이다.

2. 디앱(Dapp)과 앱(App)의 차이점이 무엇인가요?

블록체인이라는 용어 자체도 영문이지만 블록체인 내에서 사용되는 용어도 모두 영문일 수밖에 없는 관계로 우리말의 사전적 의미부터 파악하는 것이 NFT를 이해하는 데 꽤 도움이 된다. 디앱

Dapp이란 'Decentralized Application'의 약어로 '탈중앙화된 어플리케이션'을 의미한다. 읽을 때는 '디앱' 또는 '댑'이라고 읽는다. 읽을 줄 알게 되었으니 앞으로는 '앱이 아닌 디앱의 시대가 올 것'이라고 다른 사람 앞에서 아는 척도 할 수 있게 되었다. 어플리케이션이라는 것도 이제 흔히 쓰이는 외래어 수준이 되었지만 번역하자면 응용 프로그램을 말하는데 우리가 매일 쓰는 스마트폰에 설치되어 있는, 앱App이라고 보통 부르는 일반적인 프로그램을 의미한다.

우리가 매일 쓰는 응용 프로그램에는 뭐가 있을까? 개개인마다 차이는 있겠지만 카카오톡 같은 메시징앱, 유튜브 같은 영상 콘텐츠를 볼 수 있는 콘텐츠앱, 게임앱, 날씨앱 등이 대표적으로 떠오를 수 있겠다. 이런 프로그램들은 개발자가 잘 구축해 놓은 중앙서버가 데이터를 주고받는 통신을 하면서 실행이 된다.

그래서 흔히 사용자가 많이 몰리면 다운되기도 하고, 느려지기도 한다. 이는 중앙서버에 순식간에 많은 유저가 몰렸기 때문이다. 대표적인 예로 연말정산 시기의 국세청 홈페이지가 있다. 이 시기에는 국세청 홈페이지에 직장인 사용자들이 너무 몰리기 때문에 동시 접속자의 분산을 위해 현재 서버의 상태를 다음과 같이 알려주곤 한다.

동시 접속자의 상황에 따라 달라지는 국세청의 서버 상황(출처: 국세청 홈택스 홈페이지 www.hometax.go.kr)

이는 중앙화된 서버가 모든 작업을 처리해야 하기에 갑작스러운 사용자 증가가 발생할 시 벌어질 문제를 사전에 방지하기 위해서다. 우리가 실제로 앱을 다운 받을 때 애플의 앱스토어나 구글의 플레이스토어에서 다운 받는 것도 이런 중앙화된 서버에서 관리된다고 보면 된다.

그러나 디앱의 경우 이런 중앙화된 서버를 통해서 프로그램이 작동하지 않는다. 중앙서버 없이 블록체인 플랫폼을 통해 각각의 노드Node들에게 응용 프로그램의 정보를 분산시켜 구동하고 저장한다. 블록체인은 중앙집중화된 서버가 없기 때문에 블록체인 네트워크에 참여하는 개개인이 모여 서버가 되는데 이때 각각의 참여자들을 노드라고 부른다.

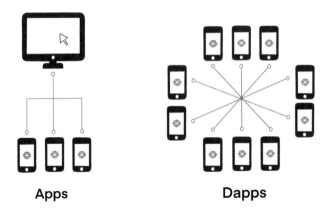

Apps   Dapps

중앙집권화의 앱(App)과 탈중앙화의 디앱(Dapp)

   이러한 특징 때문에 디앱은 해킹 문제에 있어 중앙서버가 있는 앱보다 자유롭다. 앱은 중앙서버로만 정보가 집중되므로 항상 해킹의 우려가 있고 동시 접속자가 몰리거나 전원 공급 등의 문제로 중앙서버에 이상이 생기는 경우 프로그램 자체 운영에 문제가 생길 수 있다. 그러나 디앱은 분산화되어 있기 때문에 일부 서버에 문제가 생기더라도 정상적으로 운영이 가능하다.

   또 다른 차이로는 비용이 있다. 중앙서버를 통해 관리되는 앱의 경우 무료가 대부분이다. 우리가 스마트폰이나 PC에 프로그램을 설치할 때 광고를 보더라도 설치가 무료인 것을 상기해 본다면 쉽게 이해할 수 있다. 물론 설치 이후에 광고를 보지 않기 위해서는 그 안에서 사용하는 별도의 콘텐츠를 구매해야 하는 구조지만 그래도 이용은 무료라고 볼 수 있다. 그러나 디앱의 경우 토큰이나 코인처럼 사용자에게 가스비와 같은 비용이 발생할 수 있다. 그러나 반대로는 노드 등으로 활동을 해서 토큰이나 코인으로 보상을 얻을 수도 있는 것이 디앱이다.

3. 스마트 컨트랙트(Smart Contract)
: 우리 이제 똑똑하게 블록체인으로 계약서 씁시다

스마트 컨트랙트Smart Contract는 쉽게 말해 블록체인을 기반으로 계약이 체결되고 이행까지 되는 것을 의미한다. 우리가 주로 사용해왔던 문서로 이뤄지는 계약의 경우 계약 당사자들끼리 직접 만나거나 중개인을 통한 협의 과정을 거쳐 계약을 체결하고 계약 내용을 실행하게 된다. 하지만 스마트 컨트랙트는 블록체인을 통해 계약의 유효성을 검증하게 되는데 검증이 끝남과 동시에 실행까지 이어진다. 또한 P2P의 방식으로 체결이 되므로 거래를 중개해야 하는 과정이 없기 때문에 시간과 수수료 등의 비용도 절약할 수 있다. P2P란 'Peer to Peer'의 약자로 중간에서 중개하거나 관리하는 기관 따위가 없이 인터넷을 통해 개인과 개인이 직접 만나서 필요한 것을 서로 공유하거나 어떤 것을 제공한 대가를 주고받는 것을 말한다. 은행을 통하지 않고 돈이 필요한 사람에게 서로 대출을 해주고 이자를 받는 금융이나 중간 기관 없이 개인끼리 필요한 파일을 주고받는 것이 P2P 구조의 대표적인 예시이다.

P2P 구조도

스마트 컨트랙트에 대한 최초의 개념은 1994년 닉 스자보Nick Szabo라는 사람의 아이디어에서 출발하게 된다. 그는 스마트 컨트랙트를 미래의 계약 형태로 제시했는데 이후 이 아이디어는 이더리움을 만든 비탈릭 부테인Vitalik Buterin에 의해 구현되었다. 이더리움은 스마트 컨트랙트의 개념을 담으면서 비트코인하고 완전히 다른 새로운 길을 걷게 된다. 일부 사람들은 스마트 컨트랙트가 비트코인과 이더리움을 구분하는 기준이라고도 말한다.

여담으로 2018년 10월, 비탈릭은 본인의 트위터에 스마트 컨트랙트라는 용어를 사용한 것에 대해 상당히 후회하고 있다고 밝힌 적이 있다. 그는 '스마트 컨트랙트라는 용어보다는 좀 더 기술적인, 영구적인 스크립트persistent scripts 같은 용어가 어쩌면 더 나았을 것 같다'라고 트위터에 포스팅을 한 적이 있다. 그는 아마 엔지니어로

vitalik.eth ✔ @VitalikButerin · Oct 14, 2018

Replying to @CleanApp @cryptoecongames and 4 others

To be clear, at this point I quite regret adopting the term "smart contracts". I should have called them something more boring and technical, perhaps something like "**persistent scripts**".

💬 85　　🔁 300　　♡ 772　　📤

'영구적인 스크립트'라는 용어를 쓰지 않은 것을 후회하는 비탈릭의 트위터 포스팅(출처: 비탈릭 부테 인의 트위터 @VitalikButerin)

블록체인을 기반으로 이뤄지는 계약, 스마트 컨트랙트

서 스마트 컨트랙트라는 용어가 다소 모호하다고 생각했던 것 같다. 그만큼 많은 유저들이 이더리움의 스마트 컨트랙트에 거는 기대가 컸기에 정확한 용어를 써야 한다는 압박감이 있지 않았을까 하는 생각을 해본다.

· · 암호화폐의 발전 과정 · ·

구분	1세대	2세대	3세대
대표 암호화폐	비트코인	이더리움	이오스
특징	금융거래 기능만 있음. 거래 기능 외 확장 불가	스마트 컨트랙트 개념 도입	보완된 스마트 컨트랙트로 더 빠른 거래 가능
채굴 알고리즘 유형	PoW(작업증명방식)		PoS, DPoS

4. 암호화폐를 사지 않고 얻는 방법이 있나요?
: 작업증명(PoW), 지분증명(PoS), 위임지분증명(DPoS)

암호화폐를 얻기 위해서는 거래소를 통해 직접 구입하거나 채굴하는 두 가지 방법이 있다. 채굴이란 블록체인 플랫폼에 참여해서 거래내역을 기록한 블록을 생성하고 거래를 검증하는 데 일조한 결과의 보상으로 코인이나 토큰을 받는 것이다.

채굴 방식은 많지만 여기서는 대표적인 방식인 작업증명(PoW)과 지분증명(PoS), 위임지분증명(DPoS) 세 가지에 대해 자세하게 설명하려 한다.

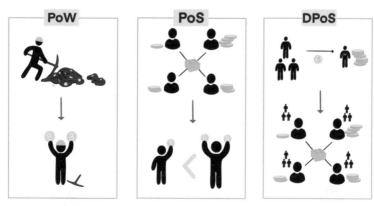

암호화폐 채굴 방식 PoW, PoS, DPoS

작업증명방식(PoW, Proof of Work)

작업증명방식(이하 PoW)은 비트코인을 채굴하는 방식으로 가장 유명하면서 우리가 흔히 알고 있는 유형이기도 하다. 한때 많은 사람들이 이 방식의 채굴에 참여하면서 고성능 그래픽 카드가 품절되고 가격이 천정부지로 올랐던 적이 있었다.

PoW란 복잡하게 암호화된 값을 컴퓨팅 파워를 통해 풀어서 새로운 블록을 취득하는 방식을 말한다. 비트코인의 경우 블록 생성

주기라는 것이 존재하는데 이 주기마다 새로운 블록이 탄생한다. 이 블록 안에는 사람들의 거래내역이 담겨 모든 사용자들에게 공유된다. 다시 말해 채굴이란 블록 안에 담긴 복잡하게 암호화된 거래내역의 암호값(해시값)을 찾는 과정을 말한다. 이때 컴퓨팅 파워, 즉 더 높은 연산 파워를 가져야 답을 찾을 수 있는데 컴퓨터 성능이 높을수록 찾아낼 확률이 높아진다. 암호를 찾아내 거래내역을 장부에 등록하는 대가로 비트코인이 주어지는 것이다.

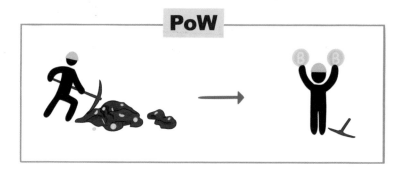

쉽게 말하면 더 오랫동안 열심히 일한 만큼 더 많은 월급을 받는 방식이다. 이는 1세대 암호화폐인 비트코인, 이더리움을 채굴하는 방식으로 보통 채굴한다는 것이 PoW와 동일어로 여겨진다. 이 방식은 보안성이 강력하다는 장점이 있으나 시간이 지날수록 채굴 난이도가 높아지기에 연산에 필요한 고사양 장비가 필요하다.

연산이 복잡해짐에 따라 채굴에 드는 전력 소모량도 상당히 증가했다. 일각에서는 이 같은 채굴이 환경 오염을 가속화할 것이라고 우려하고 있다. 이로 인해 한때 채굴 규제를 하는 국가들이 생기면서 비트코인의 가격 하락 요인으로 작용하기도 했다.

그 외에도 PoW의 장점이자 단점이 되는 것은 너무 느린 거래 속도이다. 하나의 블록을 생성할 때 많은 시간이 들어가도록 설계되어 있는데 이것은 곧 속도의 저하를 의미한다. 전국에서 수많은 사람들이 동시에 긁는 신용카드 속도를 생각해봤을 때 신용카드는 초당 약 2~3만 건의 거래를 처리할 수 있는 반면 비트코인은 초당 약 7건의 거래를 처리할 수 있다. 에너지 낭비와 느린 처리 속도가 PoW가 안고 있는 한계점이다.

지분증명방식(PoS, Proof of Stake)

지분증명방식(이하 PoS)은 용어에서 알 수 있듯이 마치 주식시장에서 보유하고 있는 주식수만큼 의결권을 부여받고 주주 총회에서 의사결정에 참여하는 것과 비슷하다. 앞서 작업증명방식(PoW)과는 달리 채굴기 없이도 본인이 소유한 지분만큼 알아서 채굴이 되는 방식이다. 본인이 보유하고 있는 코인의 개수만큼 블록 생성의 권한이 생기고, 이에 따라 코인을 분배받는 방식으로, 우리가 은행에 예치해 둔 잔고에 따라 이자금액이 달라지는 것과 비슷하다고 볼

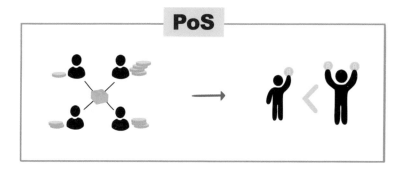

수 있다.

PoS는 PoW 방식처럼 암호화된 문제를 풀어야 하는 것도 아니고, 채굴의 난이도가 올라갈수록 점점 더 많은 컴퓨팅 파워를 사용해야 하는 것도 아니기 때문에 전력 소모량 측면에서 보다 경제적이고, 친환경적이라고 말할 수 있다.

그러나 코인을 많이 가지고 있을수록 더 많은 보상을 가지게 하는 것은 빈익빈 부익부의 형태를 초래할 수 있고, 지갑에 보유하고 있어야만 지분을 증명하고 더 많은 코인을 받을 수 있는 번거로움은 거래량을 제한하는 요소가 될 수 있다는 것이 단점으로 지적된다. 게다가 코인을 많이 가지고 있는 사람에게 의사결정의 권한이 쏠리게 되면 블록체인이 가진 가장 중요한 특징인 탈중앙화에 모순될 수 있다는 것도 단점이 될 수 있다.

위임지분증명방식(DPoS, Delegated Proof of Stake)

지분증명방식(PoS)의 경우 직접적으로 블록생성에 참여하지만 위임지분증명방식(이하 DPoS)은 각자의 암호화폐 보유량에 따라 투표권을 행사하여 자신의 대표자를 뽑아 그 대표자에게 권한을 위임하는 방식이다. 선출된 대표자들에 의해서만 블록 생성에 대한 투표가 진행되기 때문에 합의까지 도달하는 시간과 비용이 PoS 방식에 비해 적게 소모되어 상대적으로 효율성이 높은 채굴 방식이다.

단점은 소수의 대표자들에게 블록을 생성하기 위한 검증 권한이 넘어가기 때문에 완전한 탈중앙화를 이루기 어렵다는 것이다. 그래서 DPoS는 선출된 대표자들이 악의적인 행동을 하는 경우 대표의 권한을 박탈하고 새로운 대표자를 선출하는 방식으로 운영이 가능하다. 대표자의 악의적인 행동이란 대표자 역할을 유지하기 위해

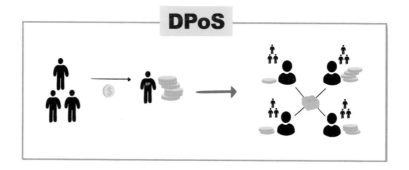

서로에게 투표를 하는 부정적인 행위 등을 말한다.

DPoS는 또한 대표자를 선임하고 몇몇의 대표자들에 의해서 보상이 이루어지므로 블록체인의 가장 큰 특징인 익명성과 탈중앙화에 대해 모순적인 특징을 가진다는 지적도 있다.

· · PoW, PoS, DPoS 한 눈에 알아보기 · ·

구분	PoW (작업증명방식)	PoS (지분증명방식)	DPoS (위임지분증명방식)
채굴 방식	암호화된 (해시값) 문제 풀기	블록체인 지갑에 보관	대표자에게 위임
보상 정책	암호화된 문제를 풀면 코인 획득	보유한 코인의 지분에 따라 지급	대표자에 의해 수익 배분
장점	탈중앙화를 통한 강력한 보안성 유지	채굴기에 의한 보상이 아니 므로 PoW에 비해 친환경적	비용과 속도면에서 가장 효율적
단점	채굴 난이도 상승에 따른 전기 소모와 환경 파괴 이슈	부익부 빈익빈 현상. 지갑에 넣어두도록 유도되 므로 유동화 감소	대표자에게 권한이 위임되 므로 탈중앙화의 모순 발생
대표 코인	비트코인, 이더리움, 라이트코인	에이다, 대시, 네오, 퀀텀	이오스, 스팀, 트론 리스크, 루나

5. 디파이(DeFi), 와이파이랑 다른 건가요?

디파이^{DeFi}란 'Decentralized Finance(탈중앙화된 금융)'의 약자이다. 디파이는 현존하는 중앙집권화된 금융과는 달리 블록체인 생태계상에서 스마트 컨트랙트를 이용하여 구축된 금융 네트워크, 금융 상품, 금융 서비스를 의미한다고 볼 수 있다. 이때 스마트 컨트랙트 기능이 있는 코인, 토큰이라면 얼마든지 디파이 성격을 띨 수 있다.

2017년 메이커다오MakerDAO라는 최초의 탈중앙화된 스테이블 코인이 발행되고 대출 플랫폼이 나오면서 점차 암호화폐를 통한 이자수익에 대한 인식이 커졌고 이에 디파이에 대한 관심도 같이 커졌다. 암호화폐의 대표적인 단점으로 가격 변동성을 들 수 있는데 이러한 단점을 보완하기 위해 실제 달러와 같은 화폐나 실물자산에 가치를 연동하여 단어 그대로 '안정적인stable' 상태를 유지하는 스테이블 코인Stable coin이 탄생했다. 이 스테이블 코인은 디파이를 위한 코인으로 활용되는데 대표적으로 테더, 바이낸스USD 등이 있다.

우리는 지금까지 중앙집권화된 금융 시스템을 사용하는 것이 익숙했다. 이 시스템 내에서는 정부 같은 중앙기관이 화폐 발행에 대한 독점권을 가지고 있고 금융기관에 대한 통제력을 가지고 있다. 주식시장도 중앙관리기록기관인 예탁결제원에서 모든 주식 거래에 대한 데이터를 관리하고 있다. 우리는 지인에게 축의금을 송금할 때 중앙집권화된 은행의 시스템을 통해야 하고, 신용대출이나 담보대출을 받기 위해서는 은행을 통해 서류 심사를 받고 신용등

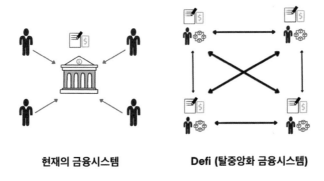

현재의 금융시스템   **Defi (탈중앙화 금융시스템)**

급에 따라 이자율이 정해진다. 그러나 디파이 생태계 내에서는 중앙화된 시스템이나 중개인 없이도 예금과 대출, 투자, 보험 등 거의 모든 상품과 서비스가 탈중앙화된 방식으로 제공된다. 즉 국경 없이 금융 서비스를 이용할 수 있기에 은행이 없어서 금융 서비스를 이용하지 못했던 제3세계의 빈곤층도 소외되지 않을 수 있다.

결론적으로 디파이는 원화나 달러 같은 법정 화폐를 사용하지 않고 중개자가 필요 없으므로 비용 절감과 효율성을 추구할 수 있고 암호화폐를 사용하므로 거래 보안성이 강하다는 장점이 있다.

디파이의 가장 높은 활용 사례는 본인이 소유하고 있는 암호화폐를 은행에 예금하듯이 스테이킹Staking하고 이자를 받을 수 있다는 것이다. 스테이킹이란 암호화폐를 지분으로 고정시켜 은행처럼 디파이 서비스를 운영하는 플랫폼에 맡기는 것이다. 이 과정에서 은행의 이자처럼 지분으로 고정시킨 암호화폐만큼 이자로 보상을 받을 수 있다.

그 외에도 주택 담보처럼 암호화폐를 담보로 대출을 받거나, 자산운용사에 자산을 맡기듯 디파이 서비스를 제공하는 플랫폼에 암호화폐를 맡기고 운용하는 것도 모두 디파이의 영역에 속한다.

6. 다오(DAO)란 회사에 꼰대들이 없다는 뜻인가요?

대한민국 국보가 암호화폐 투자자 모임에 의해 팔렸다. 지금부터 설명할 다오DAO 이야기로 국보 금동삼존불감 경매 입찰에 암호화폐 보유자 56명이 이더리움을 모아서 참여한 것이다. 다오란 블록체인을 기반으로 일종의 조합이 형성된 것인데 회사나 실제 조합 같은 전통적인 조직처럼 어떤 실체가 있는 것이 아니라 하나의 프로젝트를 달성하기 위해 암호화폐를 모으고, 대표이사나 어떤 대리인이 아닌 블록체인을 통해 참여자들이 직접 의사결정을 하는 것이다.

사전적인 의미로 다오DAO는 'Decentralized Autonomous Organization'의 약자로 탈중앙화된 자율조직이라는 의미를 가진다. 보통 이더리움의 스마트 컨트랙트를 기반으로 운영되며 권한을 가진 누군가의 개입 없이 암호화폐를 보유한 개인들이 모여서 투명하게 의사결정을 진행하고 공동의 목표에 도달하면 다오 조직 내 구성원들에게 공정하게 암호화폐 보상이 분배된다.

다오 역시 2016년에 이더리움의 창시자 비탈릭 부테인에 의해서 생겨났다. 일반적인 회사가 정관, 사내규칙, 취업규칙, 복지정책 등 정해진 규칙에 따라 조직이 운영되듯이 다오라는 조직 역시 규칙, 규정이 있는데 이는 스마트 컨트랙트에 의해 정해진다.

주식회사는 정관을 수정하고자 할 때 이사회 결의를 먼저 진행한 후 주주총회를 통해 정관 변경에 대한 결의를 진행해야 하는 번거로운 과정이 있다. 그러나 다오에서는 조직 내 회원들의 투표를 통한 수평적 결정이 가능하고 주주총회나 이사회처럼 의사결정 참여가 가능하다. 그리고 구성원이 세계 어느 곳에나 존재할 수 있다.

탈중앙화 조직의 미래가 될 다오

이러한 장점으로 다오는 새로운 커뮤니티, 조직의 유형으로 떠오르며 목적에 따라 다르지만 블록체인 생태계 위에 세워진 단기 프로젝트, IT기술기업, 벤처기업, 일반 커뮤니티 등 무엇이든 될 수 있다. 다오는 조직의 미래 모습이라고도 볼 수 있다.

해외에서도 국보 매입과 비슷한 사례가 있었다. 1787년 미국의 헌법 초판본에 대한 소더비 경매에 참여한 컨스티튜션 다오^{Consti-}^{tution DAO}가 그러했다. 72시간 만에 1만 7347명을 통해 4000만 달러 이상을 모았지만 최종 낙찰을 받는 데는 실패했다. 실패 후 컨스

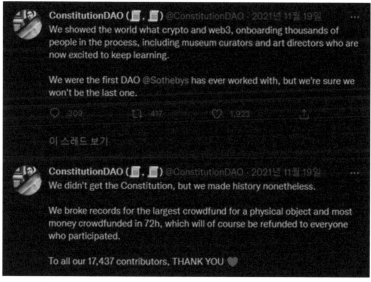

헌법 조판본 경매에 대한 소해가 담긴 컨스티튜션 다오의 트위터(출처:컨스티튜션 다오의 트위터 @ConstitutionDAO)

티튜션 다오는 트위터를 통해 '헌법 초안을 낙찰 받진 못했지만 우리는 역사를 만들었다'라고 소감을 밝히며 자신들이 소더비 경매에 참여한 첫 번째 다오지만 마지막 다오는 아닐 것이라는 내용을 트위터에 올리기도 했었다. 이렇게 국가의 경계 없이, 조직을 대표하고 책임을 지는 CEO가 없이도 거대 조직이 자율적으로 움직일 수 있는 것이 다오의 가장 중요한 특징이다.

7. ICO? 공모주 참여하느라 IPO는 들어봤습니다만

ICO는 'Initial Coin Offering'의 약자로 신규코인공개를 뜻한다. 이는 유가증권시장에서 말하는 IPO(Initial Public Offering)의 개념과 매우 유사하다.

IPO는 일반적인 기업들이 주식 상장을 통해 기업을 운영하고 신규 사업으로 확장을 하기 위해 필요한 자금조달의 수단으로써 활용되는 것인데 ICO는 투자자들에게 공개 예정인 신규 암호화폐를 코인 혹은 토큰을 받고 분배한다. 그리고 암호화폐가 가상자산 거래소에 상장한다면 추후 해당 코인의 가격이 올랐을 때 투자자들은 이익을 볼 수 있는 개념이다.

IPO와 ICO의 가장 큰 공통점은 불특정 다수로부터 자금 모집이 가능하다는 점이다. 차이점은 IPO의 경우에는 공모에 참여함과 동시에 거래소에 상장이 되어 거래가 가능하지만 ICO는 참여한다고 하여 바로 거래소에 상장이 되는 것이 아니라는 점이다. 즉 거래소에 상장이 되지 않아도 암호화폐를 통한 자금 모집 자체 행위 또는 목표 금액만큼 자금 조달이 완료되는 것을 ICO라고 말한다.

ICO는 IPO와 다르게 몇 가지의 단계로 구분하여 볼 수 있다. 크게 프라이빗 세일Private Sale, 프리 세일Pre-Sale, 퍼블릭 세일Public Sale 로 나누어 볼 수 있는데 앞서 말한 IPO는 ICO의 단계 중 가장 마지막인 퍼블릭 세일로 볼 수 있다. 즉 개인투자자들에게 주식 물량이 배분되듯이 상장 전에 공모를 받는 단계라고 보면 된다.

신규 암호화폐를 상장 전 분배받을 수 있는 ICO

ICO의 첫 번째 단계는 프라이빗 세일 단계로 최초 개발 단계에서부터 참여하는 파트너사, 투자회사, 기관투자자, 고문역(어드바이저)들 위주로 분배된다. 그다음 프리 세일 단계부터는 일반인 대상 판매를 위해 사업계획 백서를 배포하고 본격적인 온라인 마케팅이 시작된다. 이때의 토큰 가격은 퍼블릭 세일 단계보다 높은 할인율을 적용한다. 이때 가격 할인을 통해 매수했기 때문에 상장 주식의 보호 예수 기간과 동일하게 상장 이후 일정 기간 동안은 매도하지 못하는 락업Lock-Up 기간이 설정된다. 기간은 보통 6개월~1년 사이로 다양하게 설정되는데 상장 직후 할인된 가격으로 보유하고 있

던 투자자들의 매도로 인해 다수의 투자자가 피해를 보는 것을 막고 안정적인 가격 흐름을 유지하기 위함이다.

ICO는 우리나라를 비롯해 중국 등 많은 국가에서 전면금지가 되었고 미국, 싱가포르, 홍콩, 에스토니아 등은 제한적으로 ICO를 허용하고 있다. 사실 ICO는 관리 감독 기관의 사전 검토 같은 제도적 장치가 필요하다. 왜냐하면 불특정 다수로부터 거액의 자금 조달을 할 수 있기 때문이다. 한때 암호화폐의 광풍이 불 때 실질적인 사업계획이 없음에도 불구하고 일종의 먹튀를 노리는 한탕주의의 스캠(사기)성 ICO들이 많았다. 따라서 ICO 투자는 신중하게 고려해야 할 필요가 있다.

8. 하드포크와 소프트포크, 내가 알던 포크와 같은 것?

블록체인의 네트워크 생태계는 업그레이드가 가능하다. 이때 구버전과의 호환 여부에 따라 업그레이드를 두 가지 종류로 나눌 수 있는데 이때 사용하는 용어가 하드포크Hard Fork와 소프트포크Soft Fork이다. 우리가 식사할 때 사용하는 식기인 '포크'가 붙은 이유는 다음 장의 그림과 같이 블록체인이 업그레이드되어 블록이 형성되는 모양이 포크와 같기 때문이다.

먼저 소프트포크부터 보자. 소프트포크가 일어나면 구버전과 신버전이 호환이 되어 동시에 사용이 가능하다. 호환이 가능하다는 것은 블록체인 네트워크상에서 통신이 가능하다는 것을 의미한다. 즉 기존의 블록체인의 규약에서 크게 변경하지 않고 일부에서만 업데이트를 하기 때문에 호환이 가능하다. 그래서 사용자 입장에서는 특별한 변화를 느끼지 못한다. 예를 들어 스마트폰 사용자들이 업데이트를 하면서 스마트폰은 그대로 사용하는 것과 같다.

하드포크의 경우 기존 블록체인으로부터 완전히 떨어져 나오는 것을 의미한다. 이름은 비슷하게 붙어 있지만 사실상 전혀 다른 코인이기 때문에 호환이 되지 않고 새로운 생태계를 갖춘 코인이 된

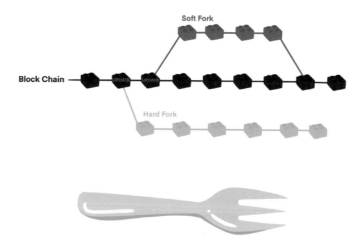

하드포크와 소프트포크

다. 비트코인과 비트코인 골드, 이너리움과 이더리움 클래식 모두 하드포크의 예시이다.

하드포크를 진행할 때 기존의 코인을 가지고 있던 암호화폐 보유자들에게는 보유량과 비례하여 새롭게 하드포크가 되어 나온 코인을 지급한다. 그래서 하드포크 뉴스가 뜨면 해당 암호화폐의 가격이 오른다. 결국 업그레이드의 두 가지 형태 모두 현재 존재하는 블록체인 플랫폼을 보다 더 좋은 알고리즘으로 개선하기 위해서 발생하는 것이라고 생각해 볼 수 있다.

이때 하드포크된 코인이 우위에 서는 것은 아니다. 단순히 어떤 특정한 문제를 해결하는 방식이 바뀌거나 개선된 것일 뿐 하드포크에 의해 투자 가치가 더 생기는 것은 아니라는 사실을 유념해 두자.

9. 테스트넷과 메인넷, 테스트해 보고 메인으로 가는 건가요?

블록체인 기사를 보다 보면 'OO코인이 메인넷을 연내에 구축한다'는 뉴스를 종종 보게 된다. 이때 메인넷이 무엇일까? 앞서 언급했듯이 메인넷Mainnet이란 독자적으로 구축된 블록체인 네트워크를 말한다. 조금 더 기술적으로는 노드라는 분산서버를 독립적으로 운영하는 상태를 구축하는 것이라고 볼 수 있다. 우리는 이미 앞서 노드라는 용어도 배웠고 토큰과 코인이 다르다고 배웠듯이 자체적인 메인넷을 가지고 있다면 코인, 그 메인넷을 통해서 파생하여 만들어진 것을 토큰이라고 부른다는 것을 알고 있다.

다시 정리하면 메인넷이라는 것은 토큰으로 다른 블록체인 생태계에서 기생하다가 코인으로 전환하는 것이라고 이해해 두자. 테스트넷은 이름에서부터 직관적으로 알 수 있듯이 메인넷이 구축되기 전의 단계인데 생성 과정을 보면 좀 더 자연스럽게 이해할 수 있을 것이다.

분산서버를 독립적으로 운영하는 메인넷

최초에 토큰이 발행되기 위해 ICO를 하게 되는데 이때 기존에 구축되어 있는 이더리움 같은 플랫폼을 기반으로 시작한다. 그렇게 토큰으로서 삶을 살다가 충분한 기술적인 리소스와 차별화된 기술력을 갖추게 되면 테스트넷을 통해서 메인넷으로의 업그레이드 여부를 확인하는 것이다.

암호화폐 중 하나인 이오스의 경우에도 최초에는 이더리움을 기반으로 개발되었지만 추후에는 독자적인 메인넷을 구축했다. 우리나라의 경우에도 카카오의 블록체인 자회사인 그라운드X가 운영하는 클레이튼은 자체적인 메인넷을 구축하여 운영하고 있다.

10. 에어드랍은 아이폰에서 서로 사진 주고받을 때 쓰는 말 아닌가요?

아이폰에서의 뜻과 달리 블록체인 세계에서 에어드랍Air Drop은 특정 코인이나 토큰을 소유하고 있는 암호화폐 보유자에게 보유한 비율만큼 추가적으로 코인, 토큰을 지급하는 것을 말하는데 이벤트의 일환으로 NFT를 무료로 배포할 때도 같은 용어를 사용한다. 보통 기업이 결산을 한 이후 배당을 해주는 것과 비슷하며 현금 배당이 아닌, 무상증자를 통해 주식으로 배당을 해주는 것과 같은 개념이다. 이때 스냅샷이라는 용어도 같이 등장한다. 스냅샷은 에어드랍을 앞두고 특정 시점을 기준으로 암호화폐의 보유자가 각각 얼마큼의 암호화폐를 보유했는지를 기록하는 것이다. 이것도 역시 주식시장에서 배당 기일을 기준으로 주주명부 폐쇄를 하는 것과 유사한 개념이다.

스냅샷을 기준으로 그 이후에는 해당 암호화폐를 매수하더라도 에어드랍 기준일 전에 보유한 것이기 때문에 코인 배당을 받을 수 없다. 그래서 보통 암호화폐가 에어드랍에 대한 기준시점을 발표하게 되면 해당 암호화폐의 가격이 오르는 호재로 작용한다. 물론 배

주식투자의 배당과 비슷한 에어드랍

당락처럼 스냅샷 기준일 이후에는 가격이 떨어지는 것이 일반적인 현상이다. 참고로 모든 주식 종목이 배당을 하는 것이 아니듯 모든 암호화폐가 에어드랍을 진행하는 것은 아니다.

11. 그림을 민팅한다는 말이 무슨 말이에요?

민팅Minting은 조폐공사에서 시장에 화폐를 유통시키기 위해 동일한 형태의 법정화폐를 주조하는 것을 의미하는 단어이다. NFT에서 민팅은 디지털 자산이나 디지털 아트가 블록체인의 플랫폼을 통해 대체 불가능한 하나의 토큰, 즉 디지털 화폐라고 볼 수 있는 NFT로 발행되는 것을 의미한다.

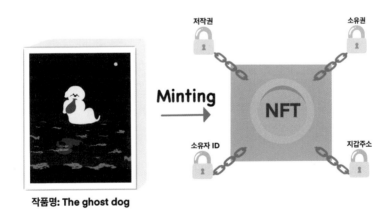

작품명: The ghost dog

민팅이란 디지털 자산 혹은 아트를 NFT로 발행하는 것을 말한다

민팅이 되고 나면 소유권에 대한 기록들이 모두 블록체인을 통해 기록된다. 민팅을 하기 위해서는 보통 암호화폐로 수수료를 지불해야 하고 블록체인 지갑을 통해서 NFT를 보관할 수 있게 된다.

뒤에 나올 3부에서는 실제 이 책의 일러스트를 그린 피클 작가의 작품을 민팅하는 과정을 통해 민팅이 무엇인지 좀 더 자세히 설명할 예정이다. NFT 초보자를 위해 민팅의 과정을 상세히 구성했으니 이 책을 읽고 나면 직접 도전해 볼 수도 있을 것이다.

12. 제 증명사진도 NFT가 되나요?

우리는 스마트폰 메신저에 자신을 나타내는 이미지를 걸어두곤 하는데 흔히 '프사'라고 불리는 프로필 사진을 NFT로 구현한 것을 PFP라고 부른다. 영어로도 'Profile Picture'라고 말한다.

결국 PFP NFT라는 것은 프로필 사진을 NFT로 만드는 것인데, 크립토펑크, BAYC 등 앞서 우리가 보았던 프로필 형태를 띄고 있는 이미지가 대표적인 예시다. 최근 PFP가 핫 해지는 이유는 가상의 디지털 커뮤니티상에서의 소속감, 비싼 가격을 주고 구입했다는 것을 보여주고 싶은 일종의 과시욕들이 작용했기 때문이다.

PFP NFT는 최근에 많은 기업들이 참여하여 쉽게 접할 수 있는 NFT의 영역이 되었다. NFT가 판매되고 있는 마켓플레이스만 들어가도 각자의 세계관을 뽐내고 있는 다양한 PFP를 볼 수 있다. 그러나 모든 PFP NFT가 비싸게 거래되거나 핫이슈가 될 순 없다. 높은 가격으로 거래가 되기 위해서는 크립토펑크나 BAYC처럼 커뮤니티 자체의 활성화가 있어야만 가능한 일이다.

프로필 사진도 NFT가 될 수 있다

07

그래서 왜 NFT인가?
NFT가 가치 있는 이유 세 가지

우리는 지금까지 블록체인 세계에서 일어나는 NFT 핫이슈와 좀 더 이해도를 높이기 위해 이 분야의 핵심 용어 12개를 살펴보았다. 하지만 왜 NFT가 이토록 가치 있는지에 대해서는 아직 이해하기 부족하다. 수백억 단위로 팔려 나가는 NFT에는 무슨 이유가 있는지, 왜 그렇게 비싸게 팔려 나갈 수 있었는지에 대한 이유를 세 가지로 나누어서 정리해 보자.

'내가 가진 것이 진품이다'라는 소유권에 대한 유일한 증명

우리는 수많은 유명 작가들이 그려낸 실제 예술 작품을 스마트
폰을 통해 쉽게 검색해서 볼 수 있고, 저렴한 가격의 모사 작품을
사서 집에 걸어 둘 수도 있다. PC를 통해 이미지 파일로도 얼마든
지 다운 받아서 배경화면에 둘 수도 있다. 진품을 구분할 수 있는
정도의 눈을 가진 전문가나 돈이 많아서 직접 많은 예술 작품을 보
유할 수 있지 않는 이상 우리는 작품의 진품 여부를 구분할 수 없
고, 소유할 수 없는 것이 사실이다. 하지만 전문가들의 눈으로도 구
별이 불가능할 정도로 진품에 가까운 복사본이 있다고 해도 그것
은 복사본일 뿐이다. 오직 진품만이 진정한 가치를 지니고 높은 가
격으로 거래가 된다. 이유는 간단하다. 그것이 유일하기 때문이다.

실물 작품이 아닌 디지털 예술 작품으로 넘어오면 어떨까? 그동
안 디지털 작품에는 진품이라는 것에 대한 소유권 증명을 할 수 있
는 방법이 사실상 없었다. 실물 작품과는 다르게 디지털 작품은 오
차 없는 복제가 가능하여 진품이 무엇인지 구별하는 것이 불가능
했기 때문이다. 그러나 블록체인이라는 기술이 탄생하고, 그 안에
서 NFT라는 기술이 한 축으로 성장하면서 디지털 예술 작품도 진
품을 증명할 수 있게 된 것이다.

다시 말해 디지털 작품에 NFT를 씌우는 순간 대체 불가능한 단

하나의 진품이라는 것을 이제는 증명할 수 있게 되었다. 만약 유명한 화가가 그림을 그리고 나서 그것을 사진으로 찍어 디지털화하고, 이를 NFT로 발행한 후에 실물 작품은 불로 태워서 없애 버린다면 어떤 일이 발생할까? NFT로 발행한 디지털 파일이 유일하게 남은 진품이 되는 것이다.

뱅크시 그림을 실제로 태우는 영상(출처: Burnt Finance Youtube)

실제로 그런 일이 있었다. 바로 불탄 뱅크시Burnt Banksy라는 프로젝트였다. 얼굴 없는 화가로 유명한 그래피티 아티스트 뱅크시의 '멍청이들Morons'이라는 작품을 경매를 통해 구입한 후 실제 작품을 불로 태워버리는 프로젝트였다. 이들은 무려 9만 5000달러(약 1억 7000만 원)를 들여 작품을 구입한 후 이를 NFT로 전환했다.

그 후에 실물 작품을 불태우는 영상을 트위터를 통해 전 세계에 라이브로 공개했다. 이렇게 실물이 사라지고 난 뒤 NFT는 약 4억 3000만 원에 팔려나갔다. 실물 원본이 사라진 덕분에 NFT로 하나 남은 진품의 가격이 뛴 것이다.

NFT를 통해 예술품이든, 실물자산이든지 간에 거래이력 정보와 소유자, 진품 여부에 대한 모든 정보가 블록체인에 기록된다. 그리고 이것은 복제와 조작이 불가능하며 당신만이 유일하게 소유하고 있다는 진품이라는 증명이 된다. 여기서부터 NFT의 가치가 시작된다.

예술 작품 시장에서 유동성 공급자의 역할

두 번째는 NFT가 문화예술 시장에서 유동성 공급자의 역할을 할 수 있다는 점이다. 먼저 유동성의 개념부터 살펴보면 부동산, 주식, 채권 등 어떤 자산에 대한 현금화 가능성을 의미한다. 좀 더 유동성을 직관적으로 이해하기 위해서는 유동성의 높고 낮음을 예로 들으면 쉬워진다.

유동성이 높은 자산의 대표적인 예시가 뭐가 있을까? 각 나라에서 사용되는 현금성 화폐, 비상장주식보다는 나스닥, 코스피, 코스

닥같이 상장시장에서 거래되는 주식, 어딜 가나 귀금속으로 인정받는 금이나 은 같은 귀금속을 들 수 있다. 반대로 유동성이 낮은 자산의 대표적인 예시로는 예술작품, 부동산을 들 수 있다. 물론 우리나라 아파트의 경우 상대적으로 높은 유동성이 있는 자산이라고 볼 수 있지만 부동산은 유동성이 낮은 자산군으로 분류되는 것이 일반적인 시각이다.

대표적으로 유동성이 낮다고 판단되었던 예술작품에 NFT라는 새로운 기술이 등장하면서 유동성이 풍부해지기 시작했다. NFT는 필연적으로 예술계와는 친해질 수밖에 없는 구조를 가졌다. 그 이유는 NFT로 소유권 관리가 된다는 것은 해당 작품의 소유권과 거래이력을 명확하게 알 수 있게 된다는 의미이기 때문이다. 그래서 예술계에 NFT는 매우 반가운 기술이다. 또한 거래이력에 대한 관리가 명확해지면서 원작자에 대한 저작권과 소유자에 대한 소유권 보호도 강화되는 효과도 볼 수 있게 된다.

실제로 NFT로 민팅이 된 작품은 팔릴 때마다 저작료가 원작자에게 전달되는 구조로 발행되기 때문에 소유자가 바뀔 때마다 약 10~25%의 수수료가 원작자에게 저작료로 지급되게 된다. NFT의 특성상 대금의 지급도 시차 없이 이루어지기 때문에 금전적인 측면에서 분쟁이 발생할 소지도 적다.

또한 작품의 가치가 올라서 비싸게 판매가 이루어질 때마다 저작료도 연동하여 같이 높아질 수 있다. 소유권은 다른 사람으로 바뀌었지만 창작자의 저작료도 가치에 연동해서 보호를 받을 수 있게 되는 셈이다. 즉 NFT를 통해 소유권에 대한 추적과 증명이 명확해지면서 저작권, 저작료에 대한 보호도 확실해질 수 있게 되었다.

NFT로 작품을 판매하는 과정도 어렵지 않다. 작가는 자신의 작품을 NFT로 민팅하고 다양한 플랫폼을 통해 판매할 수 있다. 작품이 판매되어 낙찰자에게 소유권이 이전되면 소유자의 변경 내용이 블록체인 플랫폼에 기록되고 이 내역은 누구나 볼 수 있도록 투명하게 공개된다.

즉 기존까지는 오프라인에서 판매가 되는 작품은 이전의 소유 기록들을 볼 수 없었지만 NFT를 통해 판매된 예술작품들은 모두 투명하게 볼 수 있다. 게다가 암호화폐를 통해 대금 결제가 이루어진 다음에 소유권이 이전되므로 거래의 속도 또한 오프라인 경매와는 비교할 수 없을 정도로 빠르다.

결국 이렇게 안전한 거래와 저작권, 소유권 보호가 가능해지게 되면서 거래가 활발해질 수 있도록 유동성을 공급하는 기폭제가 되었고 NFT가 유동성 공급자의 역할을 하는 동시에 스스로 가치가 오를 수 있는 배경이 되었다.

사회적 지위와 새로운 부의 상징이 된 디지털 자산 NFT

NFT라는 희소성은 민팅의 대상이 된 기초자산의 희소성을 따르기 때문에 어떤 자산이냐가 중요하다. 단순히 NFT로 발행되었다고 해서 희소성이 생기는 것이 아니다. 순간적으로 NFT 민팅을 했다는 이유로 가격이 오를 수는 있지만 가치가 반드시 오르지는 않는다.

예를 들어 이미 실물 미술품 자체가 비싸게 거래되고 있는 유명한 화가 그림이 NFT로 탄생한다면 이미 기초자산이 그 자체만으로도 가치를 증명할 수 있기 때문에 NFT 역시 그 가치를 따를 것이다. 마찬가지로 기초자산으로서 가치가 없는데 이를 NFT로 민팅 한다고 가치가 오르는 것은 아니다. 그러한 측면에서 볼 때 최근 NFT 세계에서 벌어지는 수십억 원 단위의 거래 체결 소식은 시장에 거품이 낀 것 아니냐는 오해를 충분히 불러 일으킬 수 있다.

그럼에도 불구하고 NFT는 앞으로 다양하고 많은 곳에서 디지털과 실물을 오가면서 사용될 것으로 예측된다. 실제로 이미 시장은 굉장히 빠른 속도의 성장을 하고 있는 중이다. 전 세계 NFT 시장 규모는 2020년 12월 말 거래 대금 약 3.4억 달러에서 2021년 8월 약 35.3억 달러로 거의 7배 이상 증가했고, 그중 세계 최대의 NFT 거래소인 오픈씨의 거래 대금은 34억 달러를 기록하며 역대 최고치를 경신했다.

　사람들은 왜 이렇게 NFT를 사려고 할까? 두 가지 측면으로 나누어 생각해 볼 수 있다. 하나는 인간의 끝없는 인정 욕구이고, 다른 하나는 가격 상승을 기대하는 투자심리가 작용하고 있기 때문이다. 투자심리는 공급과 수요의 논리가 맞아야 하기 때문에 시장 참여자의 상황에 따라 변하게 되겠지만 필자는 첫 번째 이유로 장기적인 시각에서 NFT가 자리잡을 것으로 보고 있다.

　라바랩스에서 만든 8비트짜리 픽셀아트가 수억 원 단위로 거래될 수 있었던 것은 인플루언서들의 과시욕, 소유욕이 작용했기 때문이다. 아무나 살 수 있다면 이미 명품이 아닌 것처럼 NFT 세계에도 이제 인간의 과시욕이 작동하는 중이다. NFT라는 디지털 자산을 보유하고 이를 과시함으로써 본인 스스로의 트렌디함, 전문지식, 재력의 수준, 사회적 지위를 보여줄 수 있게 되었다. 인스타그램과 같은 소셜미디어앱이나 메신저앱 프로필에 본인이 소유한 NFT를 자랑할 날이 머지않았다.

3부

NFT를
직접 만들고
판매하는 방법

08

누구나 나만의 작품을
NFT로 만들 수 있다

우리는 지금까지 NFT를 가치 있게 만든 이슈들과 원인에 대해 살펴보았다. 이를 통해 이 세계에 대해 어느 정도 이해할 수 있었지만 직접 해보는 것보다 더 확실하게 이해하는 방법은 없을 것이다. 그래서 3부에서는 실제 NFT 거래 준비부터 판매까지의 과정을 하나씩 보면서 직접 따라해 볼 수 있도록 구성했다.

NFT에 참여하는 방법은 직접적, 간접적 방식 두 가지로 나눌 수 있다. 4부에서 간접적으로 NFT 관련 비즈니스를 하고 있는 기업들과 그들에게 투자할 수 있는 방법을 소개할 예정이고 지금 3부에서는 직접적인 방법 중에서도 NFT를 직접 발행해 보는 과정을 보여주고자 한다. 전체적인 진행 순서를 5단계로 나누어 보겠다.

1단계. 블록체인 지갑 만들기

2단계. 원화로 이더리움 매수하여 지갑으로 가져오기

3단계. 오픈씨에 가입하고 NFT를 판매할 수 있는 컬렉션 만들기

4단계. 작품을 NFT로 민팅하기

5단계. NFT 작품 판매를 위해 설정값 넣어주기(가격, 기간 등)

이미 NFT로 거래되고 있는 작품을 사는 방법도 있지만 직접 발행해 보는 것이 NFT를 제대로 이해하는 데 가장 효과적일 것이라 생각한다.

NFT를 거래하기 위한 프로세스는 간단한다. 이미 암호화폐를 거래해 본 경험이 있다면 더 쉽게 느껴질 것이다. 주식투자나 은행 거래를 하기 위해서 계좌가 필요한 것처럼 암호화폐, NFT를 거래 하기 위해서도 계좌의 일종인 '지갑'이 필요하다. 그럼 제일 먼저 나만의 지갑을 만들어보자.

1단계: 블록체인 지갑 만들기

먼저 확장 프로그램 설치가 가능한 인터넷 브라우저를 사용하여

'메타마스크Metamask'라는 이더리움 지갑 프로그램을 깔아보자. 인터넷 브라우저는 구글의 크롬이나 네이버의 웨일을 사용하는 것을 추천하는데 이 책에서는 크롬을 기준으로 설명하겠다.

먼저 크롬 브라우저를 설치한 후 크롬 웹스토어(chrome.google.com/webstore)에 접속한다. 그리고 왼쪽 상단 검색창에 영문으로 'Metamask'를 검색하면 아래와 같은 화면을 볼 수 있다.

크롬 웹스토어에서 '메타마스크(metamask)'를 검색해서 설치하자

화면에서 'Chrome에 추가' 버튼을 클릭하면 설치가 진행되고 끝나면 아래와 같은 화면을 볼 수 있다. 여기서 '시작하기' 버튼을 클릭하자.

'시작하기' 버튼을 클릭하면 아래와 같은 화면이 나타나는데 메타마스크가 처음인 사람이라면 오른쪽의 '지갑 생성' 버튼을 클릭하면 되겠다.

이미 메타마스크에서 계정을 만들었던 적이 있다면 비밀 복구 구문을 통해 지갑을 가져올 수 있다. 보통 어떤 웹사이트든지 가입한 후 아이디를 잃어버려도 아이디와 비밀번호를 쉽게 찾을 수 있지만 블록체인 지갑은 다르다. 일단 우리는 이번이 처음이라고 가정하고 오른쪽의 '지갑 생성'을 클릭하여 새로운 지갑을 만들어보자.

'지갑 생성'을 클릭하면 위와 같은 화면을 볼 수 있다. 프로그램의 개선을 위해 사용자로부터 데이터 수집에 대한 동의를 받는 것인데 익명으로 관리된다고 하니 메타마스크의 프로그램 개선에 참여하고 싶다면 동의해도 무방할 것이다.

비밀번호를 설정한 이후에는 지갑 보호하기라는 제목과 함께 동영상으로 비밀 복구 구문에 대한 상세한 설명이 나온다. 메타마스크에서 무척 중요한 부분이다. 영어로 설명되긴 하지만 한국어로 자막 설정을 할 수 있으니 이해하는 데 어렵지 않을 것이다. 한번 정도 보는 것을 추천한다.

영상을 보고 '다음'을 클릭하면 비밀 복구 구문이 등장한다. 이 비밀 복구 구문이 나오면 반드시 메모를 해둬야 한다. 우측의 '이 구분을 기억하세요' 하단의 텍스트 부분을 누르면 복구 구문 다운로드가 가능하다. 꼭 다운로드 하거나 메모를 해두자. 확인을 했다면 다음은 확인차 구문을 순서에 맞게 배열해야 한다. 순서가 맞으면 '확인' 버튼이 활성화된다.

메타마스크 설치 과정
에서 가장 중요한 비밀
복구 구문

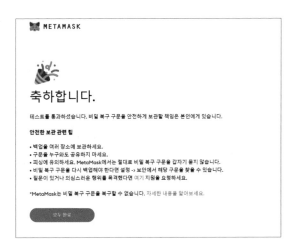

비밀 복구 구문까지 확인하고 나면 이제 나만의 블록체인 지갑이 완성된다. 한번 더 강조하자면 비밀 복구 구문은 내 블록체인 지갑에 대한 복구나 접근이 가능한 일종의 암호이기 때문에 해킹의 위험이 없도록 잘 보관해야 한다. 로그인 암호를 잃어버렸을 경우에 비밀 백업 구문까지 잃어버리면 영영 지갑에 담긴 이더리움을 찾지 못할 수도 있다.

금융기관에서 계좌를 만드는 경우 신분증을 통해 나라는 사람을 확인하기 때문에 계좌번호를 모르거나 심지어 비밀번호를 분실해도 신분증만 들고 가면 나라는 것을 확인받고 비밀번호 재설정이 가능하다. 그러나 블록체인 지갑은 블록체인상에서 구동하는 주소를 만드는 것이기 때문에 내가 누구인지를 기준으로 만들어지는 은행 계좌와는 다르다.

　누군가가 당신의 복구 구문을 알게 되는 순간 지갑 안에 들어 있는 암호화폐들을 모두 가져가 버릴 수도 있으니 반드시 보관을 잘 해야 한다. 개인적으로는 보안 USB드라이브를 구입하여 복구 구문이 담긴 파일도 암호를 설정하여 보관하는 것을 권장한다. 단, 이 역시도 USB드라이브를 분실하면 안되기 때문에 개개인의 상황에 맞게 분실에 대한 관리도 필요하다.

　이렇게 복구 구문까지 저장하고 나면 나만의 블록체인 지갑을 가질 수 있게 된다.

메타마스크 설치가 끝난 후 개인 계정 페이지

　크롬이 아닌 모바일 어플로도 메타마스크를 이용할 수 있다. 메타마스크 어플을 설치한 후 '계정 시드 구문으로 가져오기'를 클릭하면 기존의 계정을 가지고 올 수 있다.

메타마스크 어플의 계정 등록 화면

이때 크롬 웹에서 메타마스크를 열고 '설정→고급→모바일과 동기화→QR코드'를 클릭하면 다음과 같이 계정 시드 구문의 큐알코드가 등장한다. 모바일 계정 시드 구문 옆에 큐알코드 아이콘을 누른 후 해당 큐알코드를 스캔하면 손쉽게 시드 구문을 등록할 수 있으니 참고로 알아두자.

크롬 웹에서 찾을 수 있는 계정 구문 큐알코드

2단계: 원화로 이더리움 매수하여 자갑으로 가져오기

지갑을 만든 이후에는 이더리움 암호화폐를 옮기는 과정이 필요하다. 이미 가상자산 거래소를 통해 보유하고 있는 암호화폐를 보내는 방법도 있고, 메타마스크에 연결되어 있는 암호화폐 결제 플랫폼 '와이어Wyre'를 통해 직접 가져올 수 있다. 와이어의 경우 신용카드로 암호화폐를 구입하는 서비스도 지원하는데 현재 우리나라에서는 막혀 있다.

메타마스크 모바일 지갑

　이 책은 암호화폐를 거래해 본 적이 없는 독자들을 위해 쓰여졌으므로 이해가 수월할 수 있도록 한국의 가상자산 거래소를 기준으로 설명하려 한다. 그중 한국어로 서비스 지원을 하고 국내 은행 계좌를 통해 거래가 가능한 곳이 초보자에게는 확실히 쉬울 것이다. 그래서 이 장에서는 한국의 가상자산 거래소를 통해 이더리움을 매수한 후 앞에서 생성한 메타마스크의 지갑으로 가져오는 방법을 소개하고자 한다.

　물론 해외 거래소를 통해서 이더리움을 구매할 수도 있으나 최근 금융 당국이 특정금융정보법을 근거로 해외 가상자산 거래소에서 행해지는 거래에 대해 규제를 하고 있는 상황이기 때문에 이 책에서는 생략하도록 하겠다.

한국의 가상자산 거래소는 원화로 바로 암호화폐를 살 수 있다는 장점이 있다. 한국에서는 가상자산 사업자 자격을 획득해야 거래소 영업이 가능한데 대표적으로 빗썸, 업비트, 코인원, 코빗, 코팍스 등이 있다. 거래소들은 각각의 마케팅 정책에 따라 이체 수수료가 다르게 책정되기 때문에 비용을 좀 더 아끼고 싶다면 각 거래소의 거래금액 및 수수료를 확인할 필요가 있다.

이 장에서 우리는 업비트를 통해 이더리움을 구매한 후에 메타마스크 지갑으로 넘겨볼 것이다. 업비트를 선택한 이유는 카카오톡을 통한 회원가입, 간편 인증 서비스를 제공하므로 좀 더 사용성 측면에서 편리함이 있기 때문이다.

가상자산 거래소와 연동하기 위해서는 먼저 은행 계좌가 필요하다. 가상자산 거래소는 각각 제휴 은행이 다를 수 있는데 2022년 3월 기준으로 업비트의 제휴 은행은 케이뱅크며, 빗썸과 코인원은 NH농협은행이다.

해당 제휴 은행의 계좌가 있는 경우 계좌를 신규로 개설하지 않고 암호화폐 거래소와 연동 작업만 하면 되기 때문에 본인이 쓰고

있는 은행계좌와 제휴된 거래소를 찾는 것도 좀 더 빠르게 거래할
수 있는 방법이 될 수 있다. 업비트의 경우 케이뱅크와 제휴되어 있
기에 케이뱅크 계좌가 없다면 먼저 비대면 계좌개설을 진행하면
된다. 케이뱅크는 국내 최초 인터넷 전문은행으로 방문할 수 있는
지점이 없다. 모바일 어플을 통해 비대면으로 쉽고 빠르게 계좌를
개설한 후 업비트에 계좌를 인증하고 등록하면 된다.

　큰 순서는 다음과 같다. 먼저 카카오톡의 카카오페이 서비스를
통해 카카오 인증서에 가입해야 한다. 그래야 이후 업비트 계좌개
설 및 원화 입출금이 가능하다.

카카오톡 설정 상단 페이지의 인증서 서비스

다음으로 케이뱅크 어플을 통해 비대면 계좌개설을 진행하자. 어플을 다운 받고 순서대로 진행하면 업비트에서 원화로 암호화폐를 거래할 수 있는 계좌가 생긴다. 계좌를 만들고 해당 계좌에 암호화폐를 거래할 수 있는 일정 금액의 원화를 입금해 두자.

케이뱅크 어플 다운로드 화면과 계좌개설 순서

여기까지 완료했다면 다음은 업비트 계좌개설이다. 마찬가지로 스마트폰에서 업비트 어플을 다운 받은 후 가입을 진행한다. 이때 가입 인증 계좌로 이전에 개설한 케이뱅크를 사용하는 것을 추천한다.

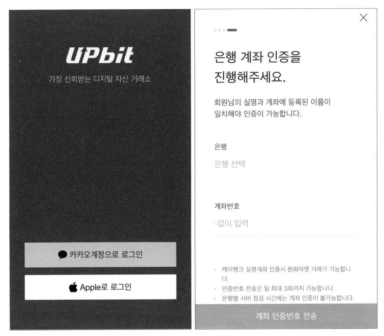

업비트 계좌 개설 화면

　개설이 끝난 후 케이뱅크의 계좌의 돈을 업비트로 옮겨오면 이더리움을 매수할 준비가 끝났다고 볼 수 있다. 단 첫 암호화폐 거래는 가입 후 3일이 지나야 가능하다. 즉 업비트에 계좌개설 후 72시간이 지나야 이더리움을 매수하고 다른 블록체인 지갑으로 옮기는 것이 가능하다는 사실을 참고로 알아두자.

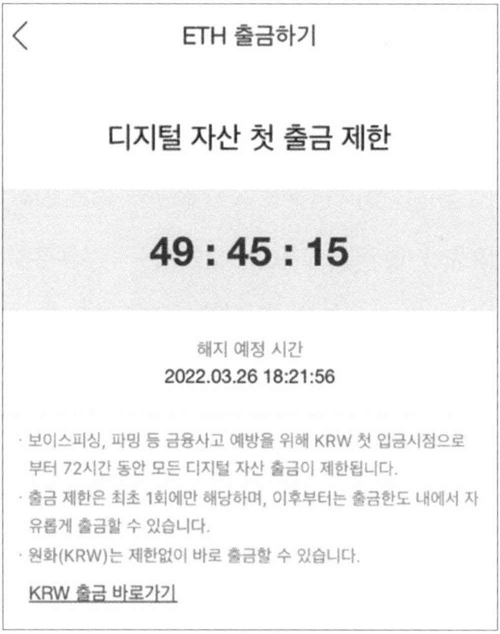

ETH 출금하기

디지털 자산 첫 출금 제한

49 : 45 : 15

해지 예정 시간
2022.03.26 18:21:56

· 보이스피싱, 파밍 등 금융사고 예방을 위해 KRW 첫 입금시점으로부터 72시간 동안 모든 디지털 자산 출금이 제한됩니다.
· 출금 제한은 최초 1회에만 해당하며, 이후부터는 출금한도 내에서 자유롭게 출금할 수 있습니다.
· 원화(KRW)는 제한없이 바로 출금할 수 있습니다.

KRW 출금 바로가기

업비트는 첫 입금 시점부터 72시간 동안 거래가 제한된다

　　업비트에서 이더리움을 구매한 후 출금주소를 메타마스크의 본인 주소로 하여 이더리움을 이체시키자. 참고로 업비트에서 출금 가능한 이더리움 최소 수량은 0.02이더리움이다. 약 70달러로 원화로 환산하면 86000원 수준이다.

업비트의 이더리움 차트 및 매수 매도 화면

메타마스크 어플에서 가운데 계좌주소를 클릭하면 자동으로 계좌주소가 복사되어 저장된다. 업비트 이더리움 화면에서 '출금하기'를 클릭 후 해당 주소를 붙여넣기 하면 업비트의 암호화폐를 메타마스크로 옮길 수 있다.

메타마스크에서 계좌주소 복사 후 업비트에서 붙여넣기하여 이체 실행

이체를 실행하면 업비트에서 출금수수료를 뺀 이더리움이 안전하게 송금된 모습을 확인할 수 있다. 우리는 NFT를 거래하기 위해 지갑도 만들고 이더리움도 준비가 되었다. 이제 다음으로 넘어가보도록 하자.

업비트에서 메타마스크로 이더리움을 출금한 내역

3단계: 오픈씨에 가입하고
NFT를 판매할 수 있는 페이지 만들기

NFT를 거래할 수 있는 마켓플레이스로는 많은 곳이 있다. 대표적으로는 오픈씨OpenSea, 라리블Rarible, 슈퍼레어SuperRare, 니프티 게이트웨이Nifty Gateway, 룩레어Lookrare, 민트베이스Mintbase, 밈Meme 등이 있는데 각각의 마켓플레이스는 저마다 다른 성격을 가지고 있다.

오픈씨는 이 중에서 현재 시장 내 1등 플랫폼으로 가장 높은 거래량을 보여주고 있다. 오픈씨의 NFT 거래금액은 2021년 기준 약 230억 달러(약 27조 5000억 원)을 넘기며 기업가치로는 15조 원 이상

· · 오픈씨의 유저 수 및 거래금액 주간 단위 추이(19년~22년 2월) 통계 · ·

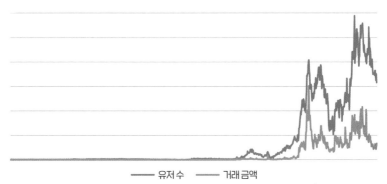

—— 유저 수 —— 거래 금액

출처: dappradar.com

을 달성하고 있는 NFT 마켓플레이스 1등 업체이다. 라리블은 오픈씨와 다르게 '라리RARI 토큰'이라는 라리블만의 거버넌스Governance 토큰을 통해 마켓플레이스를 구현하고 있다.

거버넌스 토큰은 이 책에서 처음 나왔기 때문에 생소할 수 있지만 우리가 앞서 토큰과 코인의 구분에 대한 기준을 배웠기 때문에 용어의 뜻만 알아도 이 코인의 역할을 대충 감잡을 수 있을 것이다. 거버넌스를 영어사전에서 검색하면 통치, 관리 등으로 해석되는데 큰 의미로는 사회 내 다양한 기관이 자율성을 가지며 운영에 참여하는 일종의 통치 방식을 의미한다. 거버넌스 토큰이란 암호화폐를 구분하는 여러 개의 유형 중의 하나로써 투표식의 의사결정을 하기 위한 기능 또는 용도가 있는 토큰이라고 보면 된다.

따라서 거버넌스 토큰을 보유하고 있는 경우 소속되어 있는 프로토콜에 대한 의사결정에 참여할 수 있다. 앞서 NFT를 이해하기 위한 블록체인 용어 설명 부분에서 다오DAO라는 블록체인 생태계를 통해 존재하는 탈중앙화 조직을 이야기한 적 있다. 결국 거버넌스 토큰은 라리블이라는 다오의 의사결정에 참여하는 것을 의미한다.

예를 들면 그동안 우리는 쇼핑몰에서 무언가를 구입할 때에 한 명의 유저, 고객으로 존재해 왔지만 거버넌스 토큰을 보유함으로써 해당 쇼핑몰을 만든 사람이 아니어도 유저가 직접 어떻게 쇼핑몰을 개선하고 만들어 나갈 것인지를 함께 결정한다는 것으로 이해하면 된다. 즉 라리 토큰을 통해 유저들이 생태계에 직접 참여할 수 있도록 유도할 수 있다.

니프티 게이트웨이는 1부에서 소개한 일론 머스크의 여자친구인 그라임스의 작품 판매가 이루어진 마켓플레이스로 알려져 있다. 그 외에 슈퍼레어 마켓플레이스의 경우는 삼성전자의 자회사인 투자회사 삼성넥스트로부터 투자 유치에 성공했다.

슈퍼레어는 오픈씨나 라리블하고 다르게 까다로운 심사 과정을 통과한 아티스트의 NFT 발행만 승인하는 전략을 사용한다. 다른

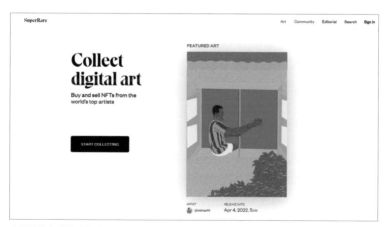

슈퍼레어 홈페이지 화면

말로 어느 정도 작품성이 확보된 작품이 NFT로 발행되기 때문에 타 플랫폼 대비 높은 가격으로 거래가 된다.

이처럼 다양한 마켓플레이스가 있지만 이 책에서는 가장 거래량이 많고 일반인들도 쉽게 판매에 참여할 수 있는 오픈씨를 통해 직접 NFT를 거래하는 방법을 알아보도록 하겠다.

오픈씨 가입 후 메타마스크 지갑 연결하기

먼저 오픈씨 홈페이지(opensea.io)를 찾아서 접속하자. 이때 메타마스크 확장 프로그램이 설치된 크롬을 통해 접속하는 것이 좋다.

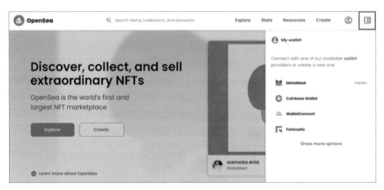

오픈씨 홈페이지 메인 화면

오픈씨 홈페이지 상단 메뉴 중 오른쪽 끝의 지갑 아이콘을 클릭하면 다음과 같이 메타마스크와 연결할 수 있는 메뉴가 생성된다.

여기서 메타마스크를 클릭해 보자.

크롬으로 접속했다면 메타마스크 버튼을 클릭했을 때 아래와 같이 기존 계정으로 자동 연결할 수 있는 창이 뜬다. 순차적으로 진행해 보자.

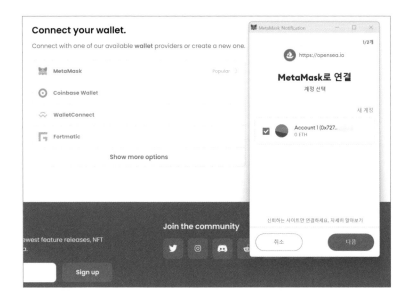

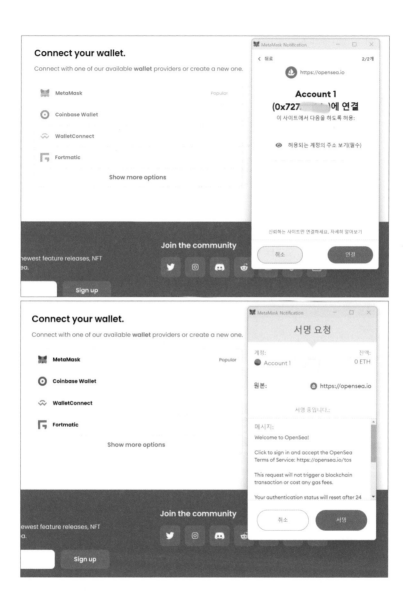

연결이 끝난 후 상단 메뉴의 지갑 아이콘을 다시 클릭하면 아래와 같이 메타마스크와 연결된 계좌를 확인할 수 있다.

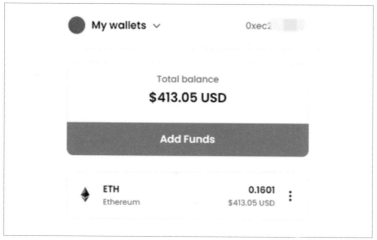

메타마스크의 지갑이 연결된 모습

NFT를 판매할 수 있는 오픈씨 컬렉션 만들기

이 책의 일러스트를 그린 피클 작가가 직접 컬렉션을 생성하고, 민팅하고, 판매하기까지의 과정을 이미지와 함께 설명하려 한다. 초보자도 쉽게 따라할 수 있도록 구성했으니 하나씩 따라 하면서 NFT 세계에 직접 참여해 보자.

먼저 오픈씨를 통해서 나의 그림을 팔기 위한 공간인 'collection(컬렉션)'을 생성해 보자. 상단 프로필 이미지를 누르면 뜨는 메

뉴 중 'My collections(내 컬렉션)'을 클릭하고 'Create a collec-
tion(컬렉션 생성)'을 클릭하자.

여기서 외부에 보이게 될 로고 이미지와 나만의 컬렉션 이름, 작
품의 카테고리, 상세설명 등을 입력할 수 있다. 컬렉션을 만든 이후
에는 민팅하여 판매할 아이템을 업로드 할 수 있다.

작품 파일은 JPG, PNG, GIF, MP4 등의 다양한 형태의 파일로 업로드가 가능하며 최대 100MB까지 업로드 할 수 있다. 작품의 이름, 본인의 웹페이지나 SNS를 올리고, 마찬가지로 해당 작품에 대해 상세설명을 쓸 수 있다. 그 외에도 작품이나 작가인 본인의 작품 세계에 맞춰 다양하게 설정을 할 수 있다.

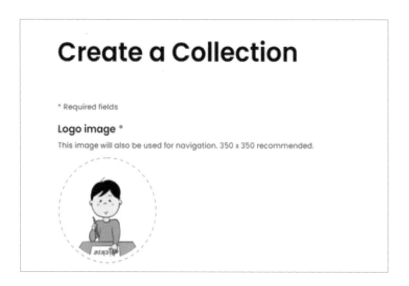

먼저 상단에 'Logo image(로고 이미지)'는 오픈씨 세상에 나를 드러낼 일종의 프로필 이미지다. 적합한 이미지를 찾아서 등록해 보자.

*와 같은 표시가 없다면 필수 입력값이 아니라는 의미이다. 여기
서 Logo(로고)와 Name(이름)은 필수이다. Featured image의 경우
로고 이미지의 배경 이미지고 Banner image는 해당 작가의 컬렉
션으로 들어가면 배경으로 보이는 이미지이다. 다음 장의 피클 작
가의 컬렉션 화면 예시를 보면 각각의 이미지가 어느 위치에 적용
되어 있는지를 바로 이해할 수 있다.

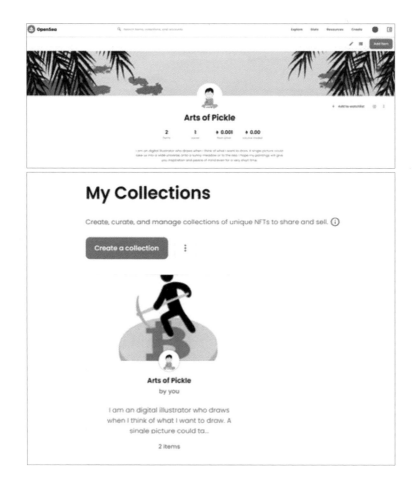

이미지를 넣는 화면 밑에는 이름, URL, 카테고리, 자신의 작품 활동을 소개할 수 있는 SNS주소, 본인 작품이 속하는 카테고리 (Category) 설정, 크리에이터의 수익설정(Creator Earnings) 등을 할 수 있다.

피클 작가의 오픈씨 페이지 생성 화면

크리에이터 설정, 즉 작가의 수익은 최대 10%까지 설정이 가능하다. 이는 작품이 팔릴 때마다 작가에게 돌아가는 일종의 로열티인데 수익설정 하단의 'Your payout wallet address'에 본인의 블록체인 지갑 주소를 넣으면 정산 받을 수 있다. 이때 판매가의 2.5%가 오픈씨 수수료로 부과된다. 만약 판매가로 1이더리움을 설정하고 크리에이터의 수익설정(Creator Earnings)을 5%로 설정한다면 먼저 2.5%인 0.025이더리움이 오픈씨 수수료로 빠져나가고, 설정한 5%에 해당하는 0.05이더리움이 최초 크리에이터에게 가게 된다. 그리고 나머지 이더리움을 판매자가 정산 받게 된다.

하단의 'Payment tokens'은 작품을 결제할 때의 암호화폐를 정하는 것인데 상단의 'Blockchain'을 무엇으로 설정하느냐에 따라 달라진다. 메타마스크로 로그인한 경우 이더리움Ethereum과 폴리곤Polygon 중 하나를 선택할 수 있는데 지금은 거래가 가장 많고 NFT 세계에서 기축통화처럼 쓰이는 이더리움을 선택해 보자. 마지막으로 'Create(생성)'를 클릭하면 이제 작품을 NFT로 등록할 수 있는 나만의 컬렉션이 생성 된다.

4단계: 작품을 NFT로 민팅하기

나만의 컬렉션까지 만들었다면 NFT를 민팅할 준비가 얼추 끝났다고 볼 수 있다. 이제 해당 컬렉션에 올릴 NFT를 민팅해 보자. 먼저 오픈씨 홈페이지 상단 메뉴에서 'Create(생성)' 항목을 클릭해 보자.

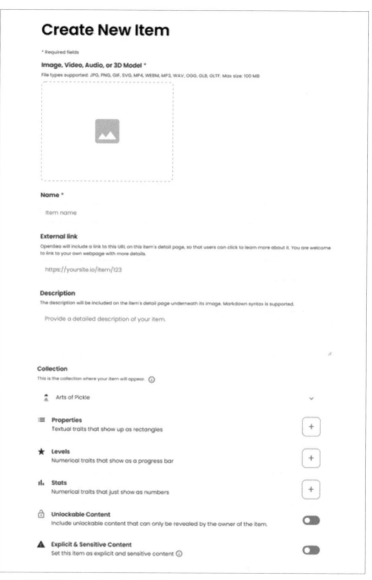

Create New Item

* Required fields

Image, Video, Audio, or 3D Model *
File types supported: JPG, PNG, GIF, SVG, MP4, WEBM, MP3, WAV, OGG, GLB, GLTF. Max size: 100 MB

Name *

Item name

External link

OpenSea will include a link to this URL on this item's detail page, so that users can click to learn more about it. You are welcome to link to your own webpage with more details.

https://yoursite.io/item/123

Description

The description will be included on the item's detail page underneath its image. Markdown syntax is supported.

Provide a detailed description of your item.

Collection

This is the collection where your item will appear.

Arts of Pickle

Properties
Textual traits that show up as rectangles

+

Levels
Numerical traits that show as a progress bar

+

Stats
Numerical traits that just show as numbers

+

Unlockable Content
Include unlockable content that can only be revealed by the owner of the item.

Explicit & Sensitive Content
Set this item as explicit and sensitive content

NFT 민팅을 위한 'Create New Item' 페이지

민팅할 작품 파일을 추가해 보자. 최대 100mb 안에서 다양한 형식의 이미지나 영상 파일을 넣을 수 있고 하단에는 작품의 이름과 작가 혹은 작품을 더 소개할 수 있는 외부 주소를 넣을 수 있다.

페이지 내 각각의 메뉴가 무엇을 의미하는지 살펴보도록 하자. 하단에는 Properties, Levels, Stats, Unlockable Content, Explicit & Sensitive Content, Freeze metadata 등의 항목이 있는데 이는 우리가 발행할 NFT에 속성을 부여하여 여러 가지 설정을 할 수 있도록 한다.

Properties는 검색어 설정으로 일종의 인스타그램 해시태그라고 이해하면 된다. 누군가가 우리가 설정한 검색어로 검색을 하면 우리의 작품이 노출되도록 하는 설정값이다. 작품을 알릴 수 있는 키워드를 추가해 보자.

하단의 Levels, Stats은 각각 발행하고자 하는 NFT의 단계적인 속성과 숫자로 특징을 부여하는 것인데, 앞서 보았던 크립토펑크나 BAYC같이 프로젝트 수준의 PFP NFT를 발행하는 것이 아니므로, 검색에 노출될 수 있도록 하는 Properties만 입력하자.

그 외에 Unlockable Content는 우리의 작품을 구매한 사람, 즉 작품의 소유자에게만 보이는 메시지를 넣을 때 쓰인다. Explicit & Sensitive Content은 작품의 선정성 여부를 체크하는 설정이다. 예시로 활용되는 피클 작가의 작품은 19금이 아니므로 체크하지 않았다.

마지막으로 어떤 블록체인으로 설정할 것인지와 Freeze metadata의 설정이 남아 있다. 메타마스크로 로그인 했다면 설정할 수 있는 블록체인에 이더리움(회색)과 폴리곤(보라색)이 뜰 것이다. 이너

Supply
The number of items that can be minted. No gas cost to you! ⓘ

1

Blockchain

◆ Ethereum   ⌄

Freeze metadata ⓘ
Freezing your metadata will allow you to permanently lock and store all of this item's content in decentralized file storage.

To freeze your metadata, you must create your item first.

리움 NFT는 시장이 크지만 민팅과 판매 등록 시 수수료가 높고 느리다는 단점이 있다. 반면 폴리곤은 시장이 작지만 민팅, 전달, 판매 과정에서 수수료가 없다(2022년 5월 11일 기준).

폴리곤 코인은 아직 국내 시장에서 거래되지 않는다. 그래서 폴리곤 기반의 NFT를 사거나 팔아서 수익을 내고 싶다면 메타마스크에서 이더리움과 폴리곤을 서로 교환해야 하는데 이때 수수료가 높아 초보자라면 선뜻 도전하기 어려울 수 있다. 해외 거래소를 이용하는 방법도 있지만 초보자에게는 다소 복잡하다. 하지만 가장 처음 NFT 세계를 경험하고 싶다면 민팅, 전송, 판매에 수수료가 없는 폴리곤으로 시작해보는 것을 추천한다.

Freeze metadata은 오픈씨에서 추가로 제공하는 옵션인데 민팅하는 작품에 대해 앞서 설정했던 작품명, 미디어의 속성, 설명, 레벨이나 숫자로 설정한 값을 고정시킨다는 옵션으로 가스비를 추가로 지불해야 사용할 수 있다. 조금 어려운 용어로 IPFS상에 우리가 민팅하는 NFT를 저장한다는 의미이고 수정할 수 없다는 것을 의미한다.

우리는 아직 초보단계고 민팅한 NFT의 설정을 다시 변경해야 할 수도 있으므로 처음부터 굳이 이 옵션을 쓸 일은 없을 거 같다. 참고로 Freeze metadata는 작품을 민팅한 이후 수정할 때 설정할 수 있다.

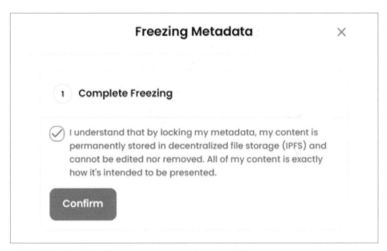

메타데이터를 동결하는 경우(Freeze metadata)에 나오는 메시지

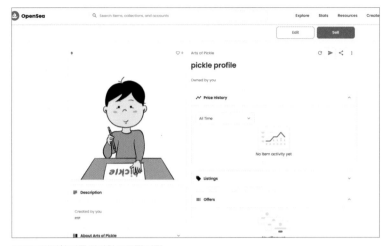

NFT로 민팅한 피클 작가의 프로필 사진

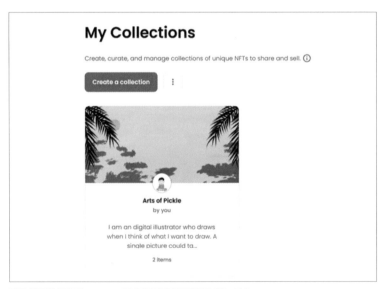

피클 작가의 컬렉션(collection)에 2개의 그림이 들어가 있는 모습

5단계: NFT 직접 판매하기

이제 본격적으로 민팅한 그림의 판매에 나서 보자. 그림을 민팅한 이후 화면의 우측 상단을 보면 'Sell(팔기)' 버튼이 있다. 버튼을 클릭하면 아래처럼 설정값을 정할 수 있는 화면이 등장한다.

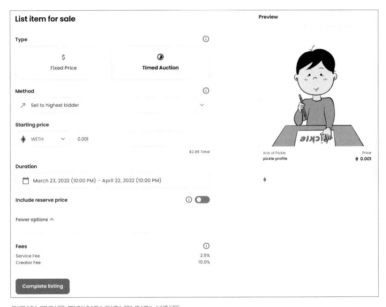

민팅한 그림을 판매하기 위한 몇 가지 설정들

여기서 가격을 고정가로 판매할 것인지 경매를 할 것인지(이더리움으로 민팅된 NFT만 가능하다), 가격은 이더리움을 기준으로 얼마로 할 것인지, 판매 기간 등을 상세하게 설정할 수 있다. 피클 작가의 프로필 NFT의 가치는 앞으로 엄청날 것으로 기대하지만, 일단은 양해를 얻어 0.001이더리움(약 3000원) 고정가로 설정하여 판매해 보기로 하자. 경매 형식의 경우 가스비가 더 소모된다. 설정내역에 대해서는 뒤에서 좀 더 자세히 살펴보자.

List item for sale

Type ⓘ

$ **Fixed Price**   ⏱ Timed Auction

Price ⓘ

◆ ETH ∨   Amount

Duration

📅 7 days

More options ∨

Fees ⓘ

Service Fee   2.5%
Creator Fee   10.0%

Complete listing

고정가(Fixed Price)로 설정했을 때의 화면

Fixed Price(고정가)는 판매하고자 하는 가격을 고정할 수 있다는 뜻이다. 이더리움을 기준으로 정할 수 있으며 하단의 Duration은 판매 기간이다. 판매 기간이 너무 길다면 구매자들이 나타나지 않을 수 있으니 일단 일주일 정도로 설정해 보았다.

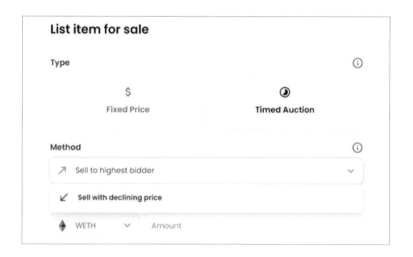

Timed Auction(경매가)은 말 그대로 일정 기간만 설정한 뒤 최고가를 부른 사람에게 판매되는 것을 의미한다. 이때 화폐는 WETH로 고정되는 것을 볼 수 있는데 W는 wrapped를 의미한다. 이더리움에 랩을 씌웠다는 의미인데 보통 랩이더리움이라 읽는다. WETH는 오픈씨 같은 플랫폼에서 판매 기간이라는 것이 설정되었을 때 NFT를 거래하기 위한 암호화폐이다. 판매가를 이더리움으로 설정

한 경우에는 바로 이더리움으로 구매를 할 수 있는데 기간이 포함된 경매가를 설정하는 경우의 옵션으로 들어가게 된다.

Duration

📅 March 23, 2022 (10:00 PM) – April 22, 2022 (10:00 PM)

Include reserve price   ⓘ ⬤

Fewer options ∧

Fees   ⓘ

Service Fee   2.5%
Creator Fee   10.0%

Complete listing

가장 하단에는 두 가지의 수수료가 표기되어 있다. Service fee 와 Creator fee인데 전자의 경우 오픈씨에 내야 하는 수수료이고, 후자는 거래가 될 때마다 원저작권자한테 지급되는 일종의 로열티다. 설정을 완료한 이후에는 하단의 'Complete listing(게시 완료)'을 클릭하여 작품을 올릴 수 있다.

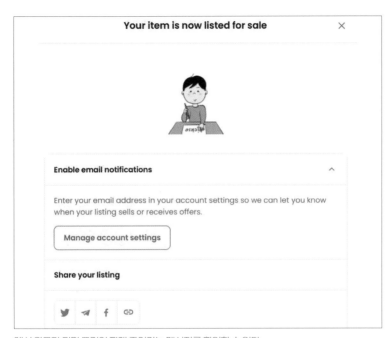

게시 완료가 되면 그림이 판매 중이라는 메시지를 확인할 수 있다

경매가로 올리면 마감 시간과 작품의 가격을 볼 수 있다

가스비를 결제하고 나면 이제 본격적으로 판매를 할 수 있다. 사실 시장에서 어느 정도의 유명세가 이미 있거나 전문적인 작품 활동을 하는 작가가 아닌 이상 일반인의 그림이 판매되는 것은 쉽지 않다. 왜냐하면 구매자의 관점에서는 작품이 정말 좋아서 소유권을 가지기 위해 구입하는 경우도 있겠지만 재판매를 통한 수익 창출도 구매욕을 자극하는 부분이기 때문이다. 그래서 유명하거나 화젯거리가 아닌 일반인의 작품이 활발하게 거래되는 것은 기대하기 어렵다. 오프라인 미술 시장에서도 같은 논리일 것이다. 그럼에도 불구하고 내 작품의 저작권과 소유권을 지키는 현존하는 가장 좋은 방법은 NFT를 활용하는 것이기 때문에 일단 알아두는 것이 필요하겠다. 또한 NFT가 예술 작품뿐만 아니라 실물자산으로도 확대되고 있기에 자산을 디지털화하여 지킬 수 있는 확실한 방법을 미리 습득해 둬서 나쁠 일은 없을 것이다.

트레블룰 시행 이후에 달라지는 점

참고로 2022년 3월 25일부로 트레블룰(Travel rule, 디지털 자산 이동 규칙)이 시행된다. 트레블룰이란 원화 기준으로 100만 원 이상의 암호화폐를 다른 거래소나 개인지갑 등으로 입출금할 때 가상자산 사업자가 고객 정보를 확인해야 하는 것을 말한다. 이는 특정 금융

거래 정보의 보고 및 이용에 관한 법률에 근거하여 자금 세탁 방지를 위하여 시행하는 것인데 좀 더 구체적으로는 설명하자면 가상자산을 이전하는 사업자(가상자산 거래소라고 이해하면 더 편하다)는 이전을 받는 사업자에게 고객 이름, 주소 등의 정보를 제공해야 할 의무가 발생하는 것을 말한다. 가상자산 사업자는 확인된 고객 정보를 5년간 보관해야 하며 가상자산을 이전 받는 사업자나 금융 정보 분석원에서 거래 정보를 요청하는 경우 3영업일 이내에 확인해 줘야 하는 까다로운 의무가 적용된다.

이미 우리나라 가상자산 거래소들은 트레블룰 적용을 위해 서둘러 시스템을 업데이트 했으나 거래소마다 정책이 조금씩 달라 아직까지는 혼선이 있는 모습이다. 또한 트레블룰의 적용은 우리나라가 세계 최초이기 때문에 아직 의무화되지 않은 해외 가상자산 거래소의 경우 이런 시스템이 마련되어 있지 않은 상태이다. 따라서 가상자산 거래소마다 약간의 정책이 다를 수 있고 출금이 가능한 해외 거래소에 차이가 있으니 송금하기 전 출금이 가능한 사업자인지 확인이 필요하다. 이러한 부분은 시스템적 장애이기보다 해당 사업자의 정책적인 문제이니 테스트를 거쳐 하나씩 송금이 가능한 곳들이 확장되며 해결되어 갈 것으로 보인다.

일단 우리는 앞서 활용했던 메타마스크와 업비트를 이용하여 나의 메타마스크 지갑을 업비트에 출금이 가능한 계좌로 등록하는 부분까지 진행해 보도록 하자.

등록된 개인지갑 주소가 없는 최초의 화면

업비트에서 개인지갑 주소 관리로 들어오면 본인 소유 확인이 된 개인지갑으로 입출금이 가능하며 우리가 이미 만든 메타마스크로만 등록이 가능하다는 안내를 볼 수 있다. 우측에 '메타마스크 등록'을 눌러 메타마스크의 정보를 가져오자. 우리는 이미 메타마스크를 만들어 두었기 때문에 업비트에 개인지갑 주소가 바로 연동되는 것을 볼 수 있다. 용도에 맞게 지갑의 별명을 설명하고 카카오페이로 인증을 하면 개인지갑이 업비트에 등록된다.

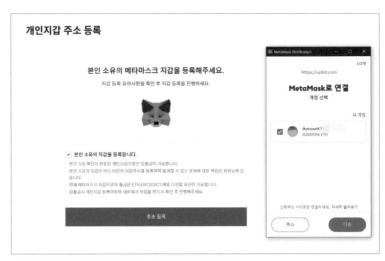

이미 만들어둔 개인지갑인 메타마스크를 업비트에 등록한다

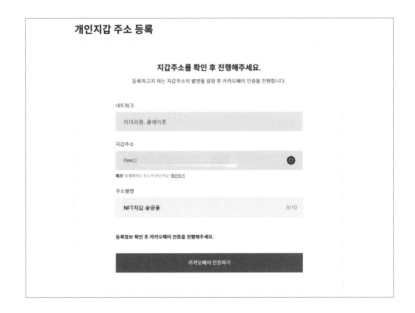

완료 메시지 인증이 끝나면 개인지갑이 등록된다

정상적으로 완료하고 나면 아래와 같이 개인지갑 주소가 등록된 것을 볼 수 있다.

이제 이더리움을 출금해 보자. 다음 장을 보면 이더리움 출금 화면에서 개인지갑이라는 선택 항목이 보인다. 우리가 등록한 메타마스크 주소인데, 선택하고 한 번 더 카카오페이 인증을 하면 출금신청이 완료된다. 메타마스크에 다시 접속해 보면 업비트에서 송금한 이더리움의 입금이 잘 이루어진 것을 확인해 볼 수 있다.

트레블룰은 소위 '코인 금융실명제'로 불린다. 폭발적으로 암호화폐 시장이 성장하고 활성화되면서 뒤늦게 제도적인 장치가 따라오는 상황이다. 그러나 이러한 제도가 만들어지고, 규제가 까다로워지는 것은 대표적인 디지털 자산인 암호화폐가 가치 저장수단으로써 인정받고 있다는 하나의 방증으로 볼 수 있다.

업비트 어플 안에서 메타마스크 지갑으로 이더리움을
이체하는 모습

메타마스크에서 확인할 수 있는 이체 완료 화면

09

다른 창작자의
NFT를 구매하는 방법

우리는 바로 직전에 작품을 직접 NFT화하여 판매하는 방법에 대해 알아보았다. 이번에는 반대로 구매자의 입장이 되어 다른 창작자의 NFT를 구매해 보자. 독자들의 혼란을 방지하기 위해 판매할 때 예시로 들었던 오픈씨 플랫폼에서 구매 과정으로 설명하려한다. 이미 판매 과정을 거치면서 웬만한 기능들을 습득했기에 여기서는 바로 마음에 드는 작품을 골라 지갑으로 사는 방법을 설명하겠다. 판매의 경우보다 훨씬 단순하다. 그래도 판매 때와 마찬가지로 구매의 과정도 간단하게 단계별로 설명하겠다.

1단계: (만들지 않았다면) 블록체인 계좌(지갑) 만들기

2단계: 원화로 이더리움 구매해서 만든 지갑으로 옮겨오기

3단계: 오픈씨에 가입하고 지갑 연동하기

4단계: 취향에 맞는 작품을 찾아 구입하기

1, 2, 3단계는 앞서 충분히 설명되었으니 바로 4단계 작품 찾기로 넘어가겠다. 오픈씨 홈페이지의 상단 메뉴 중 'Explore(탐색)' 버튼 위에 마우스를 대면 구입 가능한 NFT 카테고리를 볼 수 있다.

오픈씨에서 나눠져 있는 카테고리들

여기에는 음악, 사진, 스포츠 스타의 카드, 메타버스 안에서 사용할 수 있는 아이템 등이 있다. 오픈씨의 하루 거래 금액은 약 2000~3000억 원을 오가는 것으로 알려져 있다. 그만큼 전 세계에서 NFT 거래가 가장 활발한 플랫폼이라는 의미이다. 우리나라 코스피의 하루 평균 거래대금이 약 15조~30조 정도이다. 단순하게 수치상으로 비교한다면 한국의 대표적인 주식시장인 코스피의 거래 대금 대비 1~2% 수준으로 다소 작은 수치라고 보일 수 있다.

그러나 65년 이상 된 오랜 전통의 주식시장과 이제 걸음마 단계인 NFT 시장임을 염두에 두고 비교한다면 이렇게 개개인들이 만들어낸 디지털 예술작품들이 거래되는 것으로는 오히려 높은 수치라고 볼 수 있다. 게다가 국경 없이 자유롭게 암호화폐로 거래할 수 있다는 점을 놓고 본다면 앞으로 거래량은 더 늘어날 것으로 보인다.

우리는 판매를 위해 메타마스크를 통해 오픈씨에 가입을 했고, 민팅을 위한 가스비를 지불하기 위해 가상자산 거래소에서 거래한 이더리움을 메타마스크 지갑으로 옮겨왔다. 이제 지갑에 있는 암호화폐로 NFT를 직접 사보도록 하자. 비싸게 거래되고 있는 작품의 경우에는 수십억 이상의 호가가 매겨져 있는 것도 있다. 이런 작품들은 과감하게 포기하고 연습삼아 자신의 취향을 반영한 합리적인 가격의 그림을 찾아 구매해 보면 어떨까?

앞서 보았던 약 780억 원에 낙찰되어 NFT 시장을 전 세계에 알렸던 비플이라는 작가를 기억하는가? 오픈씨 내 그의 컬렉션에서 판매 중인 작품들을 둘러보면 가장 저렴한 작품이 18이더리움(약 6300만 원)인 것을 확인할 수 있다.

오픈씨 비플의 작품 컬렉션

향후 고수익을 위해 구매하는 것이 아닌 실제로 작품을 매수하는 과정을 체험하기 위한 것으로 목표 설정을 하고 시도해 보자. 물론 이렇게 산 NFT가 추후에 제2의 크립토펑크가 될 수도 있지만 말이다. 일단 매수를 시작하기 전에 몇 가지 질문에 답하며 자신만의 기준을 정하는 것이 좋다.

1. 소장하고 싶은 마음이 드는 작품 혹은 세계관을 가지고 있는가?
2. 트위터나 인스타그램, 웹사이트, 디스코드 등을 소유자들과의 소통을 위해 운영하고 있는가? 또는 활발하게 유저들과 크리에이터들이 소통하는가?
3. 거래가 한 번이라도 됐었던 NFT이거나 거래가 활발하게 됐던 다른 조합의 NFT가 있는가?
4. 가격이 우상향하고 있는가(물론 지금은 소액 NFT를 살펴보고 있으니 4번은 큰 의미가 없다)?

일단 경험하기 위해 구매하는 것이니 위의 기준을 어느 정도 충족하면서 소액인 0.1이더리움 이하의 작품 중에 하나를 골라 보았다. NFT 시장에서도 빈익빈 부익부의 논리가 적용하기 때문에 요즘 핫한 PFP NFT로 수요가 쏠리는 것이 사실이다. 앞서 조건에서 밝혔듯이 0.1이더리움이라는 소액에서 찾아보았다는 것을 잊지 말자. 물론 이 정도 수준의 조건으로도 이미 너무나 많은 NFT 작품들이 있기 때문에 여전히 고르기 어려운 것이 사실이다.

참고로 다음 장에 구매 예시로 소개할 NFT에 대해서는 해당 아티스트와 어떠한 관계도 없으며, 매수를 권유하는 것이 아니라는 점을 분명히 밝히고자 한다.

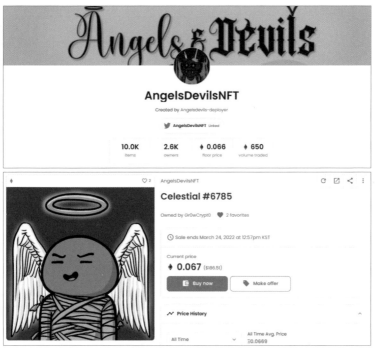

어느 정도 조건에 맞는 NFT를 골라 보았다. 작가의 6785번 작품으로 0.067이더리움에 살 수 있다(출처: 오픈씨 AngelsDevilsNFT)

앞서 본 4개의 조건값 중에 1번부터 찾아보도록 하자. 필자는 그림이나 영상 등은 제외하고, 'Arts' 카테고리에서 내 취향에 맞는 'AngelsDevilsNFT(천사와 악마)'라는 작품을 골랐다.

천사와 악마가 각각 5천 명, 총 1만 개로 만들어져 메타버스를 구성하는 세계관의 PFP NFT이다. 해당 NFT를 사도록 추천하는 것이 아니기 때문에 더 구체적인 설명은 하지 않고 넘어가도록 하겠다.

About AngelsDevilsNFT

Angels and Devils is a collection of 10,000 hand-drawn NFTs! The collection consists of 5,000 Angels and 5,000 Devils who have agreed to put aside their differences and enter the metaverse together, as friends! This isn't just another PFP collection. Our game developers have already begun working on and producing plans for our metaverse: Celestial World, which is a story telling based MMO inspired in our Comic Book: Celestial Tales. As soon as mint ends, we start working in our second metaverse.

We welcome you to check the project and read our whitepaper.

해당 작품의 세계관이 설명된 페이지

2번 조건은 NFT의 세계관을 설명하는 페이지의 하단을 보면 알 수 있다. 이들은 그들의 세계관과 로드맵을 설명해놓은 웹사이트, 인스타그램, 디스코드 등으로 연결되는 링크를 만들어 두었다. 하나씩 들어가서 보면 얼마나 많은 유저들이 이 NFT에 관심을 가지고 온라인상에서 활동하고 있는지, 이 NFT 프로젝트 팀이 향후 어떻게 로드맵을 그려나갈지에 대해 소통하는 것을 확인할 수 있다.

여기서 필자가 예시로 고른 NFT의 경우 아직 많은 사람들의 관심이 쏠리는 모습은 아니었다. 물론 이미 쏠려 있었다면 지금 수준의 가격으로는 구매할 수 없었을 것이다.

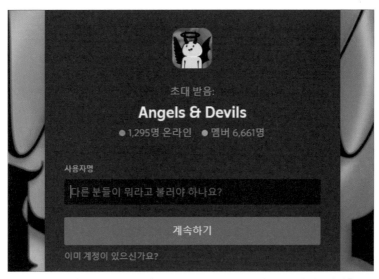

해당 NFT를 보유한 사람들끼리 소통할 수 있는 디스코드 커뮤니티. 사람들의 관심이 많은 NFT 일수록 온라인에서의 소통이 활발하다

'ITEM Activity'에서는 판매 히스토리를 볼 수 있다

마지막 4번의 경우 페이지 하단으로 내려오면 보이는 Item Activity에서 확인할 수 있다. 여기서는 작품이 누군가로부터(From) 누군가에게(To) 얼마에 판매가 되고 옮겨졌는지를 확인할 수 있는 거래이력이다. 사실 이 부분은 마치 주식과 같이 상승하고 있는 작품을 앞으로도 상승할 것이라 기대하고 사는 것이기 때문에 매수자의 시각에 따라 다르게 볼 수 있는 부분임을 밝혀둔다.

구입할 작품을 결정했다면 메타마스크를 통해 넣어둔 이더리움으로 바로 구매가 가능하다. 'Buy Now' 버튼 우측에 'Make offer'라는 기능이 같이 있는 것을 볼 수 있는데, 중고거래를 할 때 구매자가 판매자에게 '가격제시'를 하는 기능과 같다고 보면 된다. 즉 올라와 있는 가격이 아니라 구매자가 판매자에게 가격을 직접 제안하여 구입할 수도 있다.

작품을 고르고 지갑에서 결제하는 화면.

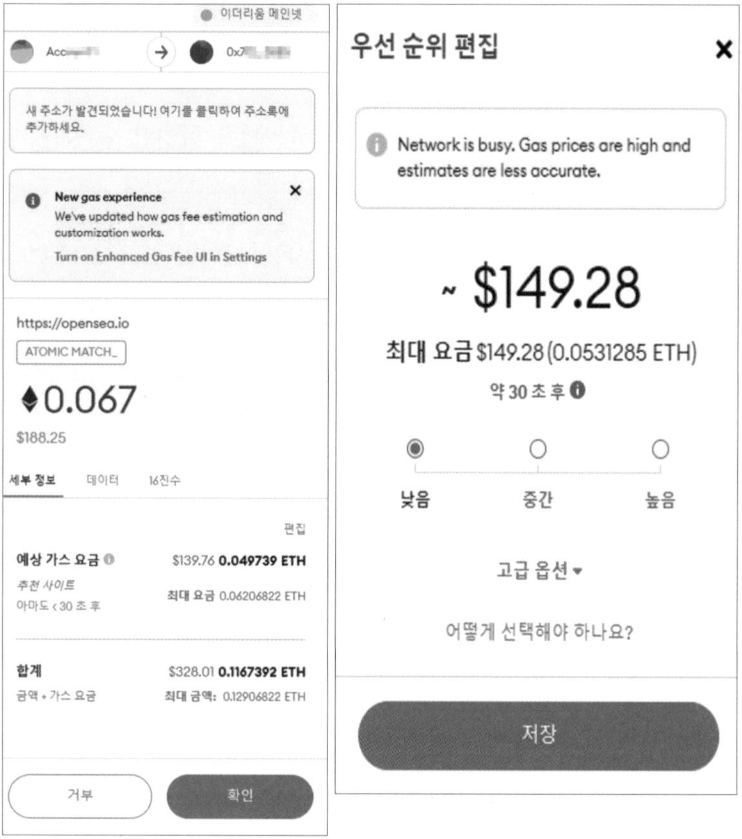
이더리움 메인넷
새 주소가 발견되었습니다! 여기를 클릭하여 주소록에 추가하세요.
New gas experience
We've updated how gas fee estimation and customization works.
Turn on Enhanced Gas Fee UI in Settings
https://opensea.io
ATOMIC MATCH_
0.067
$188.25
세부 정보
데이터
16진수
편집
예상 가스 요금
$139.76 0.049739 ETH
추천 사이트
아마도 < 30 초 후
최대 요금 0.06206822 ETH
합계
$328.01 0.1167392 ETH
금액 + 가스 요금
최대 금액: 0.12906822 ETH
거부
확인
우선 순위 편집
Network is busy. Gas prices are high and estimates are less accurate.
~ $149.28
최대 요금 $149.28 (0.0531285 ETH)
약 30 초 후
낮음
중간
높음
고급 옵션
어떻게 선택해야 하나요?
저장

0.067이더리움으로 매수하는 화면. 이더리움의 네트워크 상황에 따라 가스비가 계속 변동된다

'Celestial 6785번' 작품을 선택하여 내 지갑으로 가져오는 화면이다. 가격을 확인하고 최종 확인을 누르면 작품 가격에 가스비가 또 붙는 것을 볼 수 있다. 네트워크 상황에 따라 계속해서 가스비의 가격이 변하기 때문에 조금 저렴한 가격으로 사기 위해서는 타

이밍까지도 봐야 하나라는 생각이 들지만 네트워크 사용량에 대한 변화는 사실상 예측이 불가능해서 이를 정하고 구입하기란 매우 어렵다.

구매가 끝나면 내 컬렉션 항목에서 작품을 판매하기 위해 민팅한 두 가지 작품과 구매를 통해 얻은 작품까지 총 3개의 NFT를 보유하고 있는 모습을 확인할 수 있다.

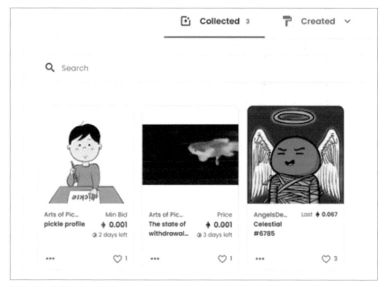

컬렉션에 들어와 있는 3개의 NFT

구매한 NFT 작품을 다시 되팔 수도 있다. 이는 앞서 자신의 작품을 판매하는 방법과 동일하다.

구매한 작품을 0.08이더리움에 내놓아 보았다. 우측 상단에 보면 판매를 취소하거나 팔리지 않는다고 판단되는 경우 가격을 하향 조정할 수 있는 옵션도 있다.

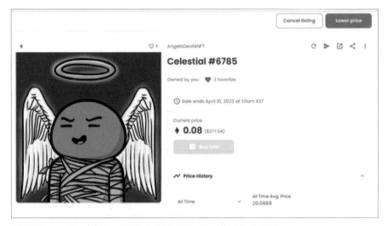

상단의 'Lower Price'를 누르면 판매 중인 NFT의 가격을 내릴 수 있다

10

"제품보증서를 잃어버리셨다고요? NFT로 보여주시면 됩니다. 고객님"

앞서 NFT라는 기술에 대한 정의를 '소유권에 대한 이력과 증명이 가능한 디지털 등기부등본이며, 분실 시 재발급이 불가능한 블록체인의 공인인증서이다'라고 정의한 바 있다. 음악이나 그림 같은 예술품이나 디지털 콘텐츠, 부동산까지 사실상 모든 영역에서 NFT 기술이 활용되고 있다. 디지털 영역에서 먼저 NFT가 확장된 것은 디지털 아트에 대한 저작권과 소유권의 필요성이 가장 컸기 때문에 필연적인 부분이었을 것이다.

그렇다면 언젠가는 실물자산에도 NFT 기술이 활용될 수 있을까? 디지털 자산시장에서 증명된 NFT는 진입장벽을 넘어 실물경제로 영역을 키우고 있다.

사실 이미 많은 블록체인 기업들이 NFT 기술을 가지고 고가의 중고 명품부터 부동산까지 실물경제로 진입하고 있다. 유명 명품 패션 브랜드 중 진품인증서와 교환권을 NFT로 발행한 사례도 있고 미국의 NFT 마켓플레이스 중 하나인 민터블^{Mintable}은 실물 부동산 소유권의 50%를 NFT화하여 상장시킨 사례도 있다.

명품이나 자동차처럼 고가의 상품을 구매할 때 보증서를 NFT라는 일종의 디지털 보증서로 받는다면 분실이나 훼손의 위험도 피할 수 있지만 무엇보다 데이터의 정확성을 담보할 수 있다. 레몬 시장(Market for Lemons, 정보의 비대칭성 때문에 저품질의 재화나 서비스가 거래되는 시장)의 대표적인 예시인 중고차 시장에서 NFT가 활용된다면 정보 비대칭을 극복할 수 있는 기술로서 유용하게 작용할 수 있을 것이다. 이미 일본에서 도요타가 시도를 하고 있다. 도요타는 블록체인 기업과 협업하여 자동차 제조이력과 정비이력 등을 수집해 해당 차량에 대한 NFT를 발행했다. 미래에 중고차 시장에서는 판매자와 구매자가 NFT를 통해서 해당 차량에 대한 사고 이력, 권리관계에 대한 정보를 확인하고 구입할 수 있는 세상이 펼쳐질 것이다.

4부

NFT와 메타버스에
간접적으로
투자하자.

11

미래 산업을 주도할
NFT 해외 상장기업

　최근 NFT 시장은 말 그대로 폭발적인 성장 중이다. 블록체인 시장 조사 업체 디앱레이더DAPPRADAR에 따르면 2021년 NFT 거래액은 249억 달러로 전년도 9490만 달러 대비 260배 이상 늘었다. 주식시장에서 매출이나 이익이 1년 만에 260배가 늘어난 산업이나 기업이 있다고 하면 크나큰 관심을 끌 수밖에 없을 것이다. 세계 최대 NFT 거래소 오픈씨의 거래액 역시 2021년 7월까지 3억 달러 수준이었으나 2021년 8월 이후 NFT에 대한 관심이 갑자기 쏠리면서 30억 달러로 10배 이상 급증하는 모습을 보여주고 있다. NFT 시장이 커지면서 기존의 디지털 아트를 넘어 음악, 영상, 연예인 관

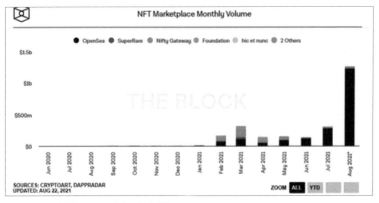

폭발적으로 성장하는 NFT 거래소의 거래액(출처: CRYPTOART, DAPPRADAR. 2021년 8월 22일 기준)

련 굿즈 등 영역을 불문하고 NFT 콘텐츠가 점점 다양해지기 시작
했다.

　NFT 시장은 디지털 자산이 새로운 투자처로 부상하기 시작한
2020년부터 본격적으로 성장했다. 2020년 말에서 2021년 초로 넘
어오면서 기성 예술가들이 NFT를 통해 미술, 음악 등의 디지털 아
트 활동을 하고 실제로 높은 가격에 판매하는 경우가 생겨나면서
NFT에 대한 관심도가 크게 높아졌다. 확실히 NFT 시장에서 차지
하는 비중 역시 수집품(48%)과 예술품(43%)이 가장 높았고 이어 스
포츠(4%), 메타버스(3%), 게임(2%) 순으로 강세를 보였다. 그러나 이
수치는 언제든지 바뀔 수 있다. 각 영역의 기업들이 NFT의 성장세

를 확인한 후 빠른 산업 확장이나 진출에 대한 의지를 보여주고 있
다는 점이 변수다.

<table>
<tr><th colspan="6">· · NFT, 메타버스, 블록체인 관련 사업을 추진 중인 해외 기업들 · ·</th></tr>
<tr><th>플랫폼기업</th><th>티커</th><th>금융계열</th><th>티커</th><th>IT/게임/소비
계열</th><th>티커</th></tr>
<tr><td>아마존</td><td>AMZN</td><td>JP모건</td><td>JPM</td><td>블록(스퀘어)</td><td>SQ</td></tr>
<tr><td>알파벳
(구글)</td><td>GOOGL/
GOOG</td><td>골드만삭스</td><td>GS</td><td>페이팔</td><td>PYPL</td></tr>
<tr><td>애플</td><td>AAPL</td><td>모건스탠리</td><td>MS</td><td>나이키</td><td>NKE</td></tr>
<tr><td>메타플랫폼스
(페이스북)</td><td>MVRS</td><td>비자</td><td>V</td><td>닌텐도</td><td>7974</td></tr>
<tr><td></td><td></td><td>마스터카드</td><td>MA</td><td>드래프트킹스</td><td>DKNG</td></tr>
<tr><td></td><td></td><td>코인베이스</td><td>COIN</td><td>스타벅스</td><td>SBUX</td></tr>
<tr><td></td><td></td><td></td><td></td><td>플레이보이</td><td>PLBY</td></tr>
</table>

 NFT에 대한 진출을 보여주고 있는 기업들은 해외와 국내를 망
라하고 너무 많아서 일일이 열거하기가 어려울 정도다. 이 장에서
는 해외증시에 상장되어 있는 기업들 중에서 NFT 관련 사업을 진
행 중이거나 할 예정인 기업들에 대해 알아보며 우리 곁에 한층 가
깝게 다가온 NFT의 경제적 측면에 대해 자세히 살펴보겠다. 위의
표는 대표적인 NFT 관련 해외기업들이다. 이 중에서 특히 주목해
야 하는 기업들 몇 곳을 선정했고, 이 기업들의 NFT 산업 진출 현

황에 대해 알아보려 한다.

여기서 소개할 기업들은 NFT 관련 분야의 기업 소개를 위한 예시일 뿐 필자가 추천하는 투자 종목이 아니며 하나금융투자의 공식 의견이 아닌 필자의 사견임을 먼저 밝힌다.

참고로 'NFT만' 하는 기업은 없다. 그러나 'NFT도' 하려는 기업은 많다. 앞에서도 강조했지만 상장, 비상장기업을 망라하고 현재 NFT에 진출을 선언하거나 이미 하고 있는 기업은 너무나 많다. 그렇기에 지금은 특정 상장기업을 콕 찍어서 이 기업이 NFT로 큰 수혜를 볼 것이라 말하기는 어렵다. 그렇기 때문에 앞에 나열된 상장기업들은 말 그대로 참고로 보는 게 좋을 것이다.

하지만 계속 눈여겨봐야 할 기업들은 분명히 있기에 이 장에서도 필자가 특별히 선정한 기업 몇몇을 좀 더 자세히 살펴볼 예정이다. NFT라는 특성을 감안하면 아무래도 이미 모바일 플랫폼을 장악해 방대한 데이터와 고객을 기반으로 하고 있는 기업들이 빠르게 시장에 진출하고 점유할 가능성이 높다고 본다. 그리고 현재 암호화폐와 관련된 거래소를 운영 중인 회사들이나 IP(지적재산권)를 보유한 유수의 게임업체, 그리고 팬들이 열광하는 핵심 컨텐츠를 보유한 엔터기업들이 그 중심일 것이다. NFT라는 주제만 놓고 투자를 한다는 것은 어려운 일이 될 것이나 그 기업이 이제부터 펼칠

청사진에 대해서는 꾸준한 관심이 필요할 것이다.

1. 코인베이스(COIN:US)

현재 가장 핫하고 관심이 많은 자산은 바로 암호화폐일 것이다. 그 암호화폐를 거래하는 여러 거래소들이 있지만 가장 대표적인 가상자산 거래소이면서 미국증시에 상장된 회사는 현재까지 코인베이스(COIN:US)가 유일하다. 시가총액은 2022년 3월 14일 종가 기준으로 약 34조 원 규모이며 가상자산 거래소 중 NFT 관련 사업 진출에도 강한 의지를 보여주고 있다.

동사는 2022년 내 NFT 거래소를 구축할 계획을 세우며 고객을 모집하기 위한 사전 사이트를 오픈했는데 이때 예약자가 90만 명을 넘어서며 서버가 마비되는 사태가 벌어지기도 했다. 코인베이스의 제품 담당 부사장 산첸 젝사니Sanchen Saxena가 "많은 관심을 주셔서 감사하다. 현재 서버에 과도한 부하가 발생하고 있어 문제 해결에 노력하고 있다"라고 공지를 냈을 정도였다고 하니 그 대기 수요와 인기가 어느 정도인지 가늠할 만하다. 코인베이스의 NFT 거래소 예약자 숫자는 현재 세계 최대 NFT 거래소 오픈씨 가입자 수를 넘어선다.

코인베이스의 NFT 거래소는 현재 18세 이상의 미국인만 접속

코인베이스의 홈페이지 화면(출처: 코인베이스 홈페이지 www.coinbase.com)

할 수 있다. 코인베이스는 이러한 기대와 수요를 파악하여 모든 사람들이 쉽고 빠르게 NFT를 발행, 거래할 수 있는 거래소를 2022년 내 오픈하겠다는 계획이다.

그리고 코인베이스는 2021년 4분기에 글로벌 대표 결제회사인 마스터카드와 NFT 결제 계약을 체결했다. 비자나 마스터카드 같은 글로벌 대표 결제업체가 가상자산 거래소와 손잡았다는 것 자체로 시대의 변화를 읽을 수 있다. 이 제휴는 최근 카드사들이 암호화폐 사업 분야로 확장하려는 노력의 일환으로 볼 수 있는데 이제 코인베이스 고객들은 마스터카드 신용카드와 직불카드를 사용해 암호화폐 및 NFT 거래소에서 거래를 할 수 있게 된다.

한편 코인베이스는 마스터카드와 협력함으로써 NFT 구매 과정에서의 비용을 줄일 수 있을 것으로 판단된다. 현재 이 시장이 활성화되기 위해서는 고객들이 암호화폐 디지털 지갑을 이용하고, NFT 온라인 거래소에서 지출하도록 유도하는 것이 필요하다. 이에 따라 두 회사 간의 협업은 NFT 결제 방식에 대한 소비자 선택권을 넓힐 것이고 NFT 거래소 고객들에게 훌륭한 접근 방식을 선사할 것이라 보고 있다.

산첸 젝사나 부사장은 자사의 고객들에게 "NFT를 만들고, 수집하고, 연결할 준비를 하라Get ready to create, collect and connect"는 내용을 담은 이메일을 보내면서 NFT 계좌 개설 방법을 함께 소개했고, 향후 공개될 동사의 플랫폼에서 NFT를 구매할 수 있을 것임을 알렸다. 관련 시장에서는 코인베이스가 현재 가장 대표적인 NFT 거래소인 오픈씨의 독주를 막을 수 있을지를 기대하며 이들의 거래소 개설에 대해 관심을 가지고 있다. 하지만 암호화폐의 변동성에 따라 코인베이스의 주가 변동성도 큰 만큼 NFT라는 이슈만 가지고 해당 기업에 투자하는 것은 고민이 필요하며 이외에도 고려해야 할 것들이 많다는 점을 유념하자.

2. 블록(SQ:US)

블록(구 스퀘어)은 스마트폰에 결제 리더기를 연결해 결제가 가능하게 하는 사업으로 시작된 회사다. 블록은 크게 셀러Seller와 캐쉬앱Cash App 사업부로 나뉘는데 셀러 사업부는 주로 상점 등을 운영하는 소상공인을 대상으로 한 포스POS 시스템, 결제, 소액 대출, 급여 및 직원 관리, CRM(고객 관리), 마케팅 등에서 토탈 솔루션을 제공한다. 캐쉬앱 사업은 우리나라로 치면 토스, 카카오페이, 네이버페이 등과 같이 대표적인 송금 및 간편 결제 서비스 등을 제공하며 더 나아가 주식 거래, 가상화폐 거래 등 전자지갑 서비스 제공 등의 형태를 영위하고 있다. 참고로 얼마 전 큰 화제를 불러온 NFT로 만들어져 34억 원에 판매된 최초의 트윗 주인공이 바로 현재 블록(구 스퀘어)의 CEO 잭 도시이다. 그는 얼마 전 스스로 사퇴를 언급하기 전까지, 트위터와 스퀘어를 함께 경영하고 있었다.

우리나라는 현재 카카오페이나 네이버페이, 토스 등 다양한 간편 송금 플랫폼이 생기면서 많은 사람들이 더 쉬운 모바일 결제와 송금을 경험했다. 이러한 모바일 결제 분야에서 미국의 경우 페이팔의 '벤모Venmo'와 블록의 '캐쉬앱Cash App'이 양대산맥을 이루고 있다고 해도 과언이 아니다.

필자도 블록을 직접 경험해 볼 수 있는 기회가 있었다. 약 8년 전 제주도 우도로 휴가를 갔을 때 좋아하는 수제 햄버거집을 간 적이 있었다. 식사를 하고 계산하려고 보니 카드 결제기가 보이지 않았다. '워낙 외딴 섬이라 카드가 안되겠지'라고 생각하며 "카드는 당연히 안되죠?"라고 묻자 주인은 "카드 돼요"라며 아이패드를 꺼내더니 엄지손가락 만한 칩이 달린 곳에 내 신용카드를 쓰윽 긁어 결제를 해버렸다. 그때의 놀라움을 잊을 수가 없다. 바로 이 기계와 플랫폼이 블록의 모바일 간편 포스 장비인 '스퀘어리더Square Reader'였다. 햄버거 집에서 이 간편 결제업체가 무엇인지 검색해보던 순간이 떠오른다.

미국이나 한국의 외지에 있는 중소형 가게들은 카드 결제 가맹 허가를 받는 것이 하늘에 별따기처럼 어렵다. 게다가 매출이 적은 영세업체라면 일반 카드사에서 부과하는 높은 수수료와 카드 결제 계좌 개설부터 설비 도입까지의 절차와 비용 등이 부담일 수밖에 없다. 블록은 여기에서 착안해 중소형 가맹점들을 하위 가맹점으로 두는 형태로 부도 리스크를 떠안으면서 포스 결제 기기와 결제 처리 플랫폼 앱, 서비스를 제공해 결제를 가능케 했다.

앞서 강조했듯 블록은 기존의 대형 카드 결제업체가 중소형 가맹점을 받아주지 않는 상황을 파고 들어가서 대표 가맹점 역할을 했고 혹시 있을 위험에 대한 리스크도 함께 안았다. 하지만 블록 입장에서는 중소형 가맹점의 매출 데이터를 가질 수 있었기에 이를 기반으로 가맹점들의 리스크를 모니터링할 수 있고 이 데이터를 기반으로 적절한 시점에 대출까지 제공하며 추가 수익을 낼 수 있게 되었다. 실제 블록의 대출을 받은 가맹점들의 매출이 증가하는 모습이 나오면서 상호 원윈Win-Win 하는 비즈니스 모델을 안착시켰다.

이후 블록은 2013년에 우리나라의 카카오페이 송금과 같은 P2P 송금 프로그램 '캐쉬앱Cash App'을 출시했다. 출시 당시 동사의 분기 실적 IR 자료를 살펴보면 이러한 사업 확장을 '두 개의 생태계2-Eco-systems'라고 표현하며 강조하는 것을 볼 수 있다. 이는 쉽게 말해 가맹점에게 제공하는 결제 종합 솔루션과 일반 소비자에게 제공하는 송금 및 전자지갑 서비스라는 두 개의 독자적인 비즈니스 모델과 이 둘의 유기적인 결합을 말한다.

가맹점 입장에서 제공받는 구체적인 서비스로는 오프라인 가맹점 원스톱 포스 기기 제공, 온라인 결제대행(PG), 대출, 여신, 예약 관리, 송장 관리, 고용인 급여 관리, CRM(고객 관리), 송금/결제, 직불카드, 비트코인 결제 등이 있으며 개인 소비자 입장에서는 캐쉬앱 서비스를 통한 P2P 간편 송금 기능, 전자지갑Digital Wallet 기능, 예금, 체크카드, 리워드 제공, 심지어 주식투자와 비트코인 투자 기능까지 제공받을 수 있다.

블록은 비자나 마스터카드 같은 대형 업체들이 받아주지 않는 영세한 가맹점들을 고객화하며 여기서 나오는 빅데이터를 활용해 가맹점 대출이나 다양한 결제 서비스를 제공하고 있다. 그리고 개인 소비자들에게는 기존 뱅크오브아메리카, 체이스 등 전통 은행 예금 계좌가 아닌 캐쉬앱을 통한 간편한 송금과 예금, 주식, 비트코인 거래 등 쉬운 금융 서비스를 제공하며 자신들이 만든 생태계 안에서 모든 금융 서비스가 원스톱으로 구현되게 만들고 있다.

이러한 원스톱 금융 결제 플랫폼과 많은 활성 고객수를 가지고 있는 것은 분명한 이점이다. 그리고 NFT의 강렬함을 이미 알고 있는 잭 도시 CEO의 행보를 돌이켜봤을 때 블록이 NFT 사업에 더 큰 확장을 시도하는 것은 시간 문제로 보인다.

현재 NFT에만 집중하겠다고 공식적으로 밝히진 않았으나, 현재 NFT의 대표 결제 코인인 이더리움 거래, NFT 구매 시 결제 및 송금 서비스를 제공하고 있고, 회사의 전체 비즈니스 모델을 블록체인으로 정하면서 회사의 사명을 스퀘어에서 블록으로 바꾼 것으로 볼 때 향후 어떠한 모습을 확장해 나갈지 기대하며 지켜볼 필요가 있다.

3. 로블록스(RBLX:US)

로블록스는 2006년 판매된 샌드박스 형태의 PC게임 '로블록스'를 운영하는 게임 개발사다. 샌드박스란 게임 안에서 유저 마음대로 무엇이든 할 수 있는 시스템 혹은 플레이 방식을 뜻한다. 이처럼 로블록스는 기존에 우리가 아는 정형화된 게임 방식에서 벗어나 게임을 이용하는 이용자들이 직접 게임을 개발할 수 있는 플랫폼과 개발 툴을 오픈해 끊임없이 다양한 콘텐츠를 이용자가 양산해 낼 수 있도록 돕고, 이를 통해 이익을 수취하는 P2E(Play to Earn) 게임으로 발전해 가고 있다.

이는 개발자들이 게임 및 인게임(게임 내 개발자로 새로 개발한 게임을 의미) 아이템 판매액의 경우 판매액의 70%를 가져가고, 그 외에 아바타 관련 아이템 판매액의 30%를 가져가는 구조다. 그리하여 로블록스는 플랫폼 유지와 개발을 위한 툴만 제공하고 개발자들의 역량에 따라 콘텐츠가 흥행하게 되면 개발자와 로블록스 회사 둘다의 이익이 증가하는 이른바 '윈윈win-win 구조'를 가지고 있다. 로블록스 라이브러리에는 무려 5500만 개 이상의 게임이 제공되고 있다.

로블록스의 매출은 대부분 '로벅스Robux'라는 로블록스 내 사용 가능한 가상화폐를 통해 창출된다. 로벅스는 1로벅스에 0.0035달러에 해당하며 구독 형태로도 구입 가능하다. $4.99에 로벅스 450개/월, $9.99에 로벅스 1000개/월, $19.99에 로벅스 2200개/월을 지급하는 구독 형태로 구입 시 10%의 추가 지급과 더불어 한정판 아이템 거래 능 다양한 혜택이 부여된다. 따라서 장기 이용자 입장에서는 구독 모델을 통해 보다 저렴한 가격으로 로벅스를 구입할 수 있고, 로블록스 입장에서는 이러한 구독 형태의 로벅스를 안정적인 매출로 인식할 수 있다는 장점이 있다. 그로 인해 로블록스의 매출구조는 여타 기업과는 다른 형태를 지니고 있다. 유저들이 로벅스를 구입하면 이는 당장의 매출이 아닌 '예약Bookings'이라는 계정으로 인식되며 향후 유저들이 로벅스를 직접 사용할 때 매출로 인식된다. 그렇기에 예약의 증가는 향후 인식될 매출의 증가라고 볼 수 있다.

이러한 플랫폼과 데이터를 기반으로 현재 로블록스는 나이키, 구찌, 루이비통 등 다양한 기업들과 메타버스, NFT 관련 협업을 활발히 진행하고 있다. 최근 구찌는 로블록스 게임을 통해 메타버스 안에서 새로운 소비자를 모을 의도로 게임 내 아바타들을 위한 한정판 구찌 컬렉션 가방, 안경, 모자들을 NFT로 제작해 판매하고 있다. 더불어 나이키도 로블록스 내에 나이키랜드를 만들어 게임 속에서 착용할 수 있는 신발, 모자, 옷 등을 NFT화하여 판매 및 거래

로블록스와 제휴한 세계적인 업체들(출처: 로블록스 공식 IR자료)

하는 협업을 진행 중이다. 또한 수많은 개발자들이 만든 로블록스
내 인게임에서 창조된 아이템들을 NFT화하여 판매하거나 거래할
때 그 일부 수수료를 수취하면서 새로운 수익모델을 창출하고 있
다. 향후 로블록스는 더 많은 기업들의 참여를 통해 NFT 활성화 및
메타버스 활용 등을 통한 더 큰 확장을 기대 중이다.

로블록스의 주 소비층인 10대 청소년들의 방학과 비방학에 따
라 매출이 큰 영향을 받는 단점도 보여주고 있으나 동사도 그러한
취약점을 알고 더 다양한 게임 내의 수익성 제고와 확장성을 위해
NFT와 메타버스 사업에 더 중점을 두고 있는 만큼 여러 잠재력을
계속 체크해 봐야 할 것이다.

4. 나이키(NKE:US)

'마이클 조던.' '전 세계인이 가장 사랑하는 브랜드.' '타이거 우즈.' 나이키를 생각하면 떠오르는 단어들이다. 대부분 NFT나 메타버스를 생각하면 앞에서도 나온 플랫폼 또는 IT기업이 주도할 것이라 생각하지만 소비재 대표 기업인 나이키가 두 개 분야에서 적극적인 행보를 보여주고 있다.

동사는 디지털 스니커즈와 의류의 판매와 관련된 특허를 출원하면서 가상세계로 사업 확장을 시작했고, 로블록스와 협력해 '나이키랜드'를 열며 메타버스 세계에 본격 진출했다. 나이키랜드는 오리건 주에 있는 나이키 본사를 본떠 만들어진 가상의 놀이 공간으로 현재 모든 로블록스 유저에게 무료로 개방돼 있다. 유저들은 이곳에서 '에어포스 1'이나 '나이키 블레이져' 등 나이키 신발과 의류를 구입하여 자신의 디지털 아바타에 입힐 수 있으며 다른 유저들과 피구, 술래잡기 등의 미니게임을 즐길 수 있다. 나이키는 향후 나이키랜드에서 월드컵이나 슈퍼볼 같은 가상 국제 스포츠 행사를 개최하는 것을 목표로 하고 있다.

그리고 최근 나이키는 2020년에 설립된 가상 패션 전문 NFT 스튜디오인 아티팩트RTFKT를 인수했다. 이곳은 메타버스 세계에서 디지털 운동화, 의류 등을 판매해 NFT로 품질을 보증하는 회사인데 지난해 608켤레의 가상 운동화를 판매 시작한 지 7분 만에 소진하며 310만 달러(약 40억 원)의 이익을 창출해 큰 화제가 되기도 했다. 이처럼 눈에 보이는 제품만 판매할 줄 알았던 나이키는 NFT와 메타버스에도 사업을 확장하면서 브랜드의 이미지 제고와 더 큰 성장을 도모 중이다.

나이키랜드 로고와 로블록스 속 모습(출처: 로블록스)

12

미래 산업을 주도할
NFT 국내 상장기업

　이번에는 해외가 아닌 국내로 눈을 돌려보자. 최근 NFT를 새로운 성장 동력으로 삼아 신규 비즈니스 진출을 선언하는 국내기업이 많아지고 있다. 플랫폼, 음악, 엔터, 게임, 콘텐츠, 의류 심지어 건설업까지 다양한 기업들이 영역을 망라하고 NFT 비즈니스 진출을 선언 중이다. 쉽게 말해서 특정 기업이 독점하는 것이 아니라 다양한 영역의 산업을 영위 중인 기업들이 NFT 사업에 뛰어들고 있다는 말이다.

　기업들이 NFT 사업을 통해 얼마나 더 성장할지, 얼마나 더 가치를 부여받을지, 추가 성장을 보여줄지 등을 예측하는 일은 아직 어렵게 느껴진다. 그러나 이렇게 너도나도 NFT를 시작하는 모습은 이 시장이 얼마나 크게 성장할지에 대한 대다수의 공감대가 형성된 것으로 해석할 수 있다.

스마트폰이 처음 시작되고 그 이후에 수많은 업체들이 앱을 만들면서 넷플릭스, 페이스북 등 다양한 기업들이 생겨났다. 그 결과 우리는 온오프를 망라한 스마트하고 편안한 삶을 살게 되었다. 이후 수많은 앱들이 생겨났지만 결국 그 과정에서 가장 크게 수혜를 받은 기업은 바로 그 앱들을 공급해주는 원천 플랫폼 업체인 안드로이드의 구글과 iOS의 애플이었다.

이런 이유로 필자는 NFT 시장 초기에 가장 먼저 주목해야 할 곳은 당연히 NFT 거래소를 제공해 주는 플랫폼이라고 생각한다. 글로벌 시장에서는 오픈씨를 비롯해 코인베이스 등 여러 업체들이 NFT 거래소를 런칭하고 있고, 한국에서도 현재 NFT 마켓을 만들었거나 만들겠다고 발표한 기업만 7곳이 넘는다. 현재 우리나라 대표 플랫폼인 카카오가 대주주인 가상자산 거래소 두나무의 업비트 UPbit가 국내 가상화폐 거래액의 약 80%의 점유율을 보여주고 있고, 2021년 11월 24일에는 NFT 마켓을 런칭해 오픈 첫날 하루에 약 1억 원가량의 이익을 거두기도 했다.

또한 케이팝으로 글로벌 시장을 선도 중인 우리나라의 음악과

엔터 관련 기업들 역시 NFT에 적극적으로 뛰어들고 있다. 특히 기획사들이 적극적이다. BTS의 소속사인 하이브는 위버스 플랫폼, 에스엠은 버블 플랫폼을 통해 소속 연예인들의 콘텐츠와 그들의 지적재산권(IP) 수익을 극대화하는 데 NFT라는 수단을 활용하고 있다. 이는 음악 산업 전체적으로도 적용 가능한 범위가 많아서 소속 연예인들의 음원/앨범, 공연, MD 등 기존 오프라인 형태의 상품 판매에서 NFT를 통한 디지털 판매까지 영역을 무한대로 확장하며 수익성을 높이는 중이다.

게임산업에서는 NFT와의 동행이 더욱 활발하다. 게임 사용자가 육성한 게임 캐릭터와 아이템에 대한 저작권 및 소유권을 인정받을 수 있는 NFT를 통해 유저들은 창작에 대한 대가를 수취할 수 있게 되었다. 최근 대다수의 국내 게임사들은 구글, 애플로부터 독립하여 앱 수수료를 절감하고 NFT에 기반한 P2E(Play To Earn) 모델을 출시할 가능성이 높아지고 있다. 이외에도 다양한 산업군에서 NFT에 대한 진출이 이어지고 있어 일일이 다 열거하기가 어려울 정도다.

지금부터는 각 산업 분야에서 NFT로 진출하는 국내기업 중 눈여겨볼 만한 대표 기업 다섯을 선정하여 좀 더 자세히 살펴보도록 하겠다. 참고로 다음의 표에 등장하는 기업들의 순서는 단순한 나열로 투자 추천순이 아니다.

회사명	NFT 관련 비즈니스 현황
하이브	팬 플랫폼인 위버스를 필두로 NFT 마켓 플레이스 신규 런칭 기대. 두나무와 합작 조인트벤처를 통한 비즈 진행 예상
에스엠	자회사 '디어유'를 통해 메타버스 공간 마련하고, 공간 내에서 NFT 활용할 예정. 솔라나 플랫폼을 기반으로 NFT 발행. 퓨처플레이 전격 지분 투자
JPY엔터	두나무가 JYP엔터 구주를 인수하는 방식으로 투자하고 향후 NFT 관련 공동 사업을 위한 신규법인 설립. 양사는 'K팝 기반 NFT 플랫폼 사업 진출'을 목표로 내세우며 블록체인 기반 신사업 강화. 2020년 네이버Z, L&S스마트 투자조합 지분 투자. 에스엠의 디어유 214억 투자로 2대주주 등극
초록뱀미디어	아레나캐스트와 사업 제휴. 아레나캐스트는 보유 중인 게임, E스포츠, 스포츠, OTT 스트리밍 등의 다양한 디지털 콘텐츠를 바탕으로 글로벌 시장에 NFT 출시 준비를 마친 상태. 450억 규모의 자금 조달을 통해 NFT 사업 본격화할 예정. 초록뱀컴퍼니에 자회사인 초록뱀인베스트먼트는 조합을 결성해 비덴트 지분에 투자하여 가상자산 투자 거래소 등에 투자
아프리카TV	최근 메타버스 플랫폼 '프리블록스'의 시범 서비스를 시작. NFT 거래소도 출시. BJ 생방송 다시보기 영상, BJ 아바타 등 상품을 NFT 경매 방식으로 구매, 재판매 투자할 수 있는 장소 제공
위메이드	가상자산 위믹스 상장 통해 가상화폐 시장도 활발히 진출 중. P2E 게임 미르4 동시 접속자 100만, 서버수 170개. 최근 블록체인 자회사 위메이드트리 흡수 합병. 위믹스 기축통화로 사용하는 '위믹스 플랫폼'을 운영하겠다는 계획. 위메이드 NFT 아이템거래소 2022년 11월 출시 예상
서울옥션	하나은행과 미술품 매매 및 거래 연관 비즈니스 제휴. 미술품 시장 컬렉션 자문, 미술품 담보대출 등 전통적 아트 관련 서비스를 포함해 NFT·메타버스 플랫폼 등 아트 연계 뉴비즈 발굴. 미술 관련 교육 및 커뮤니티 운영 등 다양한 분야에서 사업제휴 및 공동사업을 추진할 예정. 크래프톤과 서울옥션의 자회사인 서울옥션블루와 엑스바이블루에 각각 30억 원과 50억 원의 지분 투자를 단행하고, NFT 프로젝트를 위한 업무협약(MOU) 체결

1. 카카오(035720)

우리나라를 대표하는 모바일 플랫폼기업 카카오도 NFT와 블록
체인, 메타버스 등을 차세대 핵심 성장 엔진으로 육성할 계획을 전
략적으로 수립하고 있다. 현재 카카오는 주요 자회사들이 각자 비
즈니스에서 독립적으로 메타버스나 NFT 관련 신사업을 추진하고
있다. 다시 말해 카카오가 중심이 된 한 개의 NFT 마켓이 아닌 각
자회사마다 게임, 웹툰, 엔터, 뮤직 등 다양한 콘텐츠를 NFT화하여
유통 및 거래하는 마켓을 독립적으로 시작하고 있다. 이미 카카오
게임즈(293490)는 게임과 메타버스에 특화된 NFT 거래소 런칭을 준
비 중이고, 카카오의 블록체인 기술 계열사인 그라운드X는 2021년
7월 이미 디지털 아트 NFT 거래소인 '클립드롭스Klip Drops'를 출시
한 바 있다.

그라운드X의 한재선 대표는 "NFT를 발행하고 유통할 수 있는
최적의 블록체인 환경을 클레이튼을 통해 제공하고 있고, K-콘텐
츠가 클레이튼 기반 NFT 기술을 통해 해외로 진출하고 해외 시장
을 선점할 수 있도록 돕겠다"고 강조하고 있다. 클레이튼은 그라운
드X가 자체 개발한 퍼블릭 블록체인 플랫폼인데 이들이 발행한 코
인 이름과도 동일하다.

클립드롭스에 대한 소
개 이미지(출처: 그라운드
X)

그라운드X는 클립^{KLIP}이라는 지갑을 통해 NFT 기반 디지털 작품에 대한 접근성을 높일 계획이라고 밝혔다. 클립은 그라운드X가 2021년 6월 출시한 블록체인 기반 가상자산 지갑 서비스로 카카오톡 내 탑재돼 일반 사용자의 접근성을 높였다는 평가를 받는다. 그라운드X는 클립을 통해 런칭한 NFT 거래소 '클립드롭스'를 통해 한정판 NFT 기반 디지털 작품을 전시하고 유통하고 있으며, 이미 40곳의 기업들이 클립을 통해 6만 개의 디지털 작품을 NFT로 발행한 상태이다.

이처럼 카카오의 자회사가 하나의 통합된 거래소가 아닌 각자 개별적으로 NFT 거래소를 선보이고, 관련 사업에 진출하려는 이유는 NFT와 메타버스가 이미 시대를 거스를 수 없는 대세가 되었고 이 두 가지가 서로 밀접하게 연관되어 있기 때문이다.

NFT는 블록체인 기술을 바탕으로 디지털 자산의 위·변조가 불가능하도록 한다는 점에서 디지털 기반의 가상세계에서 형성되는 경제의 핵심 역할을 담당한다. 이와 관련된 대다수의 플랫폼을 주도하고 있는 카카오로서는 절대 포기할 수 없는 시장인 것이다. 카카오의 엔터테인먼트 자회사인 카카오엔터도 자체적으로 보유한 지적재산권(IP)을 NFT화해서 NFT 거래소에 발행하는 것을 검토 중이라고 한다.

이미 카카오엔터와 카카오게임즈 등은 NFT화를 통해 수익성을 극대화할 수 있는 지적재산권(IP)과 콘텐츠를 다수 확보하고 있기에 이를 구체적으로 수익화하고 사업 자체를 키울 수 있는 유통 채널을 고민하는 것은 어찌 보면 당연한 일이다. 지난 2021년 4분기 카카오의 실적발표회에서 카카오의 배재현 최고투자책임자는 "카카오가 가장 잘할 수 있는 도전은 메타버스다. 카카오 공동체는 클레이튼, 카카오게임즈 등 활용 가능한 핵심 자산을 기반으로 메타버스 세상을 새롭게 구성하는 방안을 고민하겠다"라고 언급하며 이 시장을 선점하겠다는 강한 의지를 보였다.

카카오의 자회사 중 NFT 거래소에 강한 진출 의지를 보인 회사는 바로 카카오게임즈다. 2022년 3월 3일 3분기 실적발표 자리에서 카카오게임즈는 주주서한을 통해 NFT 거래소를 직접 개발 중이라고 밝혔다. 카카오게임즈는 자회사인 프렌즈게임즈를 통하여 NFT를 '프렌즈샷: 누구나 골프'와 같은 스포츠 게임 등에 적용해 특화된 거래소를 개발할 예정이라고 함께 발표했다.

NFT 적용 예정인 카카오게임즈 대표 게임 프렌즈샷(출처: 카카오게임즈)

카카오게임즈는 골프 티타임 예약권과 게임 아이템, 아이돌의 팬아트 등을 디지털 자산화해 판매할 것이며 더욱 다양한 디지털 자산들을 거래 대상으로 확대해 나갈 예정이라고 말했다. 이를 위해 카카오게임즈는 사업 목적에 '블록체인 기반 응용소프트웨어 개발 및 공급업'을 추가했으며 지난 5월 프렌즈게임즈와 블록체인 기업 웨이투빗을 합병했다. 웨이투빗은 암호화폐 보라코인을 발행한 이력이 있는데 이를 기반으로 카카오게임즈와 함께 NFT 거래소 개발에 본격적으로 나설 것으로 보인다.

2. 하이브(352820)

이제는 글로벌 아티스트로 거듭난 BTS의 소속사 하이브는 2021년 11월에 NFT 사업 진출을 공식 선언했다. BTS라는 최고의 콘텐츠를 가지고 있지만, 이를 뛰어넘고 그다음 단계로 나아가기 위해서는 NFT를 비롯한 새롭고 다양한 시도가 필연적이라 판단한 것이다.

최고의 콘텐츠를 가지고 글로벌 음악시장을 선도하기 시작한 하이브는 팬덤을 활용한 플랫폼을 토대로 게임, 음악, NFT 등 새로운 영역을 만들어가고 있다. 최근 하이브는 우리나라 가상자산 1위 거래소인 업비트를 운영하는 두나무의 지분을 5000억 원(지분율 2.5%, 약 20조 원 가치) 상당 보유하며 2022년 상반기 중 미국에서 NFT 관련 조인트벤처를 함께 설립하기로 발표했다. 양사의 NFT 사업은 팬들 입장에서는 BTS, 세븐틴, TXT, 엔하이픈 등 소속 아티스트의

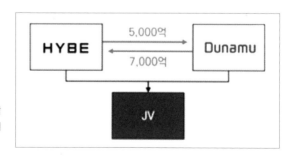

하이브와 두나무가 함
께 설립할 조인트벤처
(출처: 하이브 IR 자료)

지적재산권(IP) 기반 콘텐츠를 디지털 자산으로 전환하여 팬덤을 강화할 수 있고, 회사 입장에서는 NFT를 통한 수익성을 가속화할 수 있어 미래를 위한 새로운 성장 동력이 될 것이라 보고 있다.

하이브의 본격적인 NFT 사업 시작은 2022년 2분기로 예상된다. 하이브의 자랑이라 할 수 있는 팬덤 플랫폼 위버스와 새롭게 런칭할 NFT 거래소를 통해 사업을 진행할 것으로 보이며, NFT 거래소에서 거래될 제품은 BTS 등 대표 아티스트의 지적재산권(IP) 포토카드나 한정판 디지털 음원이 주가 될 것으로 예상하고 있다. 거래소에서 판매되는 NFT 수익(포토카드 등)은 두나무와 하이브에 각각 50% 배분될 것으로 예상되며 거래 수수료는 동종 기업인 오픈씨 기준 2.5% 수준을 예상하고 있다.

단순히 연예인을 육성해 데뷔시키고 음원 판매, 방송 수익, 광고, 행사 수익 등을 창출하던 비즈니스 구조의 종합 엔터테인먼트 회사들이 이제는 그들의 콘텐츠 힘을 이용해 본격적으로 큰 도약을 할 수 있는 기회가 NFT와 메타버스로 열렸다. 하이브는 그 선두에서 가장 발 빠르게 진출을 진행 중이고 NFT를 실제 눈에 보이는 수익원으로 연결시킬 가능성이 가장 높아 보이는 회사 중 하나로 평가된다.

3. 에스엠(041510)

더 이상 설명이 필요 없는 우리나라의 최고의 연예 기획사 중 하나인 에스엠은 최근 차세대 BTS로 불리는 NCT와 에스파 등의 대표 아티스트를 중심으로 견조한 앨범 판매량을 보여주고 있다. 에스엠 역시 2022년 상반기 중으로 NFT 사업을 구체화할 것으로 예상되는데 하이브처럼 NFT를 팬과 아티스트를 직접 연결하는 상호소통의 매개체로 활용하고 이를 새로운 수익원으로 더 발돋움할 계획이다. 하이브의 위버스와 유사한 에스엠의 팬덤 플랫폼 디어유는 유료 가입자 수가 약 125만 명으로 분기 영업 이익이 10억 원에 달하는 수준으로 성장했다.

최근 이수만 총괄프로듀서는 블록체인 플랫폼기업 솔라나의 '브레이크포인트 2021(Breakpoint 2021)' 컨퍼런스에 연사로 참여했다. 그는 기조 연설을 통해 "SM은 NFT×엔터의 선두주자가 될 것"이라고 언급하며 「NFT와 프로슈머 경제가 열어가는 엔터테인먼트의 넥스트 레벨」을 주제로 자신의 생각을 밝혔다. 이는 에스엠이 NFT를 사업에서 큰 비중으로 두고 있다는 것을 반증한다. 그가 기조 연설에서 한 언급들을 보면 에스엠이 향후 NFT와 메타버스 산업에 어떻게 나아갈지 대략 예상해 볼 수 있다. 그는 기조연설을 통해 이런 견해를 전했다.

"메타버스의 세계관 혹은 스토리를 형성하는 각각의 콘텐츠들은 모두 NFT로 연결될 것이다. 100명, 1000명이 전 세계에서 머리를 모으고 창조력을 발휘해서 하나의 NFT 콘텐츠를 함께 창조하고 NFT 콘텐츠의 퍼센티지를 소유하게 되는 형태로 만들어져야 된다.

이렇게 탄생한 NFT 콘텐츠들은 '생애주기 가치(Lifetime Value)'를 가지게 된다. 한 번 소비하고 없어지는 것이 아니라 생애 동안 프로슈머, 프로듀서 등 관계되는 사람들이 모두 가치를 갖게 될 것이다. 즉 NFT는 '생애주기 가치'를 갖게 하는 블록체인이라고 할 수 있다. 블록체인으로 보호되고 소유자가 다 기록되고 또 변화시킬 수 없는 메타버스 콘텐츠는 소장되는 그림처럼 코인으로 값이 책정되기도 한다. 이를테면 화폐처럼, 옛날의 물물교환처럼 되는 시대가 도래했다. NFT를 통한 콘텐츠 거래가 활발해짐에 따라 코인이 트레이딩 거래소를 통해 거래되는 것처럼 NFT 거래소도 굉장히 중요한 역할을 하게 될 것이다. 꼭 상품화되거나 돈을 내지 않더라도 프로슈머가 찾아올 수 있도록 해야 한다. 프로슈머가 없으면 아무런 소용이 없다. 향후 NFT가 미술품 같은 존재보다 화폐로서의 가치를 가지게 된다면 NFT 거래소의 역할이 매우 중요할 것이다. 이 부분에 대해 콘텐츠를 만들고 메타버스를 활용하는 모두가 함께 고민하고 미래를 잘 설계해야 한다."

2022년 1월 1일, 에스엠은 팬이라면 누구나 가입이 가능한 멤버십 서비스 '메타-패스포트'를 출시했다. 이는 가상 국가인 SM타운에서 사용되는 여권 형태의 멤버쉽 서비스로 에스엠은 이를 통해 공연 예매 등 팬들의 기록을 빅데이터화해 향후 NFT 사업이 본격화될 시 이들의 활동 데이터를 기반으로 리워드 등의 혜택을 제공할 계획이다. 팬과 플랫폼 그리고 아티스트 간의 유대를 강화하는 데 더욱 도움이 될 것으로 보고 있다.

최근 이수만 총괄프로듀서의 에스엠 지분이 카카오에 매각되면서 그가 경영권에서 멀어지는 모습도 있었지만 에스엠은 앞서 확인했듯 우리나라의 대표 플랫폼 카카오와의 시너지를 통해 NFT나 메타버스 등으로 사업을 연결하는 활동을 진행하며 회사의 더 큰 성장을 도모할 것으로 보인다. 이러한 추세는 이제부터 본격화될 것이다.

4. 컴투스홀딩스(063080)

"아직도 현질하면서 게임해? 이제는 게임으로 돈을 벌어야지"
글로벌 대표 메타버스 게임인 로블록스에서 확인할 수 있듯 게임 내의 이용자가 직접 개발자가 되어 게임을 만들고, 거기서 일정

부분의 수익을 수취하기도 하고, 게임 내에서 암호화폐를 획득할 수 있는 트렌드가 바로 'P2E(Play to Earn)'다. P2E는 요즘 모든 게임사들의 화두라 볼 수 있다. 이 시스템은 블록체인 기술의 결합으로 게임 유저가 마치 암호화폐를 채굴하는 방식을 게임 플레이에 적용해 유저로 하여금 이익 공유를 하게 하는 방식이다.

게임 내에서 더 나은 아이템을 장착하기 위해 대다수 게임 플레이어들이 현질(게임 아이템 등을 현금 구매하는 행태를 비꼰말)을 하는 것은 지금까지 게임의 일반화된 고정관념이었다. 하지만 돈을 쓰는 만큼 이길 수 있다는 이른바 '플레이 투 윈(P2W, Play to Win)' 방식에 유저들의 거부감이 높아진 지금, P2E 방식은 게임 생태계를 완전히 바꿀 수 있는 대안이 되고 있다. 게임업계의 NFT 거래소 개발 이유도 유저가 P2E를 통해 획득한 가상화폐나 NFT 아이템을 거래할 수 있는 공간을 제공하기 위한 첫 단계라고 볼 수 있다.

'서머너즈워, 프로야구 슈퍼스타즈 2021', 'MLB 퍼펙트 이닝 시리즈', '별이 되어라!' 등의 게임으로 유명한 컴투스홀딩스(구 게임빌) 역시 NFT 비즈니스 진출을 모색 중이다. 컴투스홀딩스는 이미 국내 가상자산 거래소 중 하나인 코인원의 2대 주주이며, 블록체인 기술을 활용한 게임 사업을 모색하고 있다. 아울러 미국의 NFT 전문기업 캔디 디지털Candy Digital, 애니모카 브랜즈Animoca Brands와도

NFT 관련 협력을 진행하고 있다. 또한 자체 개발 중인 신작 게임도 NFT로 출시할 예정이다.

컴투스홀딩스는 자체 블록체인 플랫폼을 만들어 컴투스홀딩스 및 자회사들의 게임들을 탑재하고, 외부 파트너사들의 블록체인 게임들과 메타버스 콘텐츠들을 도입하면서 사업을 확장할 청사진을 그리고 있다. 컴투스홀딩스 자회사인 컴투스플랫폼은 자체 가상화폐 C2X(가칭)를 발행하고, NFT 거래소를 오픈할 계획이다. 이곳에서는 동사의 게임에서 획득한 재화와 가상화폐인 C2X의 교환이 가능해지고, 가상화폐 거래소 2대 주주로 있는 코인원과 연동을 통해 다양한 시너지를 보여줄 것으로 보인다. 동사는 게임 유통 플랫폼 하이브와 C2X 월렛, NFT 거래소 등을 통합하여 종합 블록체인 플랫폼을 만들려는 계획이다. 향후 NFT와 블록체인, 가상화폐, 메타버스, 게임, 이 다섯 개의 시너지 융합을 어떻게 보여줄지 귀추가 주목된다.

5. 위메이드(112040)

'텐배거Ten bagger, 10루타 종목을 찾아라.' 우리는 늘 주식시장에서 10배 이상이 수익을 낼 수 있는 기업을 찾는다. 2021년 대표적인 텐배거 종목은 바로 위메이드였다. 위메이드가 발행한 암호화폐인 위믹스Wemix의 가격 상승과 함께 이에 영향을 받은 위메이드 또한 주가가 단기에 10배 이상 급등하는 모습을 보였다.

위메이드의 주가 상승 포인트는 결국 위메이드의 대표 P2E 게임인 '미르4 글로벌'이 돌풍을 일으켰기 때문이다. 이 게임은 MMORPG 장르에 블록체인 기술을 접목하여 만들어진 P2E 게임으로 2021년 8월 출시 후 3개월 만에 동시 접속자 수가 130만 명, 서버 수는 220개를 돌파하였다. 이 게임 내에서는 필수 재화로 여겨지는 '흑철'이라는 아이템이 존재하는데 유저들은 퀘스트를 수행하거나 광산에서 채굴하여 흑철을 획득할 수 있다. 흑철은 약 10만 개당 1드레이코로 교환이 가능하며 드레이코는 '위믹스 월렛'을 통해 위메이드 블록체인 생태계의 기축통화인 위믹스로 교환할 수 있다. 유저들은 이렇게 얻은 위믹스를 일반 가상화폐 거래소에서 거래하여 현금화할 수 있게 되었다. P2E 게임이 흥행함에 따라 기축통화의 수요가 증가했고 위믹스의 가격 또한 급등하였다. 그리고 그를 통해 증시에 상장된 위메이드 또한 주가가 10배 이상 상승하는 기염을 토한 것이다.

블록체인 게임 플랫폼으로의 전환을 꿈꾸고 있는 위메이드에게 P2E 게임 '미르4 글로벌'의 성공은 큰 그림을 위한 하나의 과정으로 보여진다. 위메이드의 궁극적인 목적은 위믹스 생태계를 토대로

위믹스 블록체인 플랫폼 로고. 출처: 위메이드(Wemade)

글로벌 블록체인 게임 플랫폼을 만드는 것이다. P2E 열풍이 글로벌 게임업계를 관통하면서 여타 국내 다른 게임사들도 P2E 게임의 빠른 출시를 목표로 위믹스 플랫폼에 합류하고 있다. 이미 NHN, 롱투코리아, 조이시티, 액션스퀘어 등 다수의 게임 상장사들이 위메이드 플랫폼에 합류했다. 게임사들의 합류와 위메이드의 새로운 신작 출시를 고려하면 2023년까지 위믹스 생태계에 100개 이상의 게임 라인업을 갖추는 것도 가능하다는 게 전문가들의 전망이다.

아직 확인해야 할 것들도 있다. 블록체인 게임 플랫폼으로 도약하기 위해서 위메이드가 증명해내야 하는 것은 P2E 게임 미르4 글로벌의 장기적인 성공을 보여주는 것이다. 게임은 유행을 탄다. 결국 이 게임을 유저들이 중장기적으로 계속 해줄 것인가에 대한 의구심은 계속 남을 수밖에 없다. 기존 게임의 재화에 블록체인 기술을 더하여 블록체인 게임을 만들어 출시하는 것은 현재 어려운 일이 아니다. 그럼에도 게임사들이 위믹스 플랫폼으로 들어오고 협업하여 게임을 준비하는 이유는 P2E 게임에서는 경제 생태계 운영이 핵심이기 때문이다.

글로벌 P2E 게임의 선구자가 된 엑시 인피니티도 인플레이션에서 오는 드레이코 토큰의 가격 하락으로 인하여 최근 성장에 차질을 빚고 있다. 게임 내 NFT 아이템 거래나 NFT 캐릭터 거래 등이 빠르게 활성화되어 일정 수준을 넘어서는 모습을 보여주어야 투자자들은 더욱 안심할 수 있을 것이다.

장현국 위메이드는 대표는 "100개 게임이 위믹스를 기축통화 삼아 각각 게임 코인과 NFT를 발행해 통합 게임 코인 거래소와 NFT 거래소에서 거래가 된다면 게임 산업의 패러다임이 완전히 바뀔 것"이라는 의지를 보여주고 있다. 향후 위메이드가 보여줄 NFT와 블록체인 등의 성공이 어떻게 이어질지 함께 지켜보도록 하자.

13

NFT, 블록체인, 메타버스 관련
글로벌 ETF

가상화폐, 블록체인, 메타버스, NFT. 이 모든 것들은 밀접하게 연결되어 있다. 그래서 하나하나 개별적으로 접근했을 때 이 네 가지 키워드가 모두 맞물려 있음을 알 수 있을 것이다. 앞에서도 강조했지만 투자에서도 마찬가지다. 특정한 기업이 NFT를 선도하는 것이 아니라 여러 기업이 이 분야에 진출을 선언했고, NFT만 하는 것이 아니라 메타버스와 블록체인까지 맞물린 다양한 형태의 활동이 진행되고 있다. 이런 이유로 NFT 분야의 기업들은 너무나 방대하고 다양하다.

이때 NFT 관련 투자를 고민한다면 가장 좋은 대안은 바로 'ETF'

일 것이다. 현재 미국증시에 상장된 글로벌 ETF 중에는 메타버스, 블록체인 등과 관련된 기업들이 이제 막 설정되기 시작했다. 굉장히 많은 ETF들이 상장되었을 것 같지만 다음 표에 제시된 6개 정도가 전부라고 보면 된다. 그리고 표에서 보이듯 META, BLOK ETF 정도를 제외하고는 ETF 자산총액이 걸음마 수준에 불과한 것을 알 수 있다. 새롭게 성장하는 산업인 만큼 아직은 그럴 수밖에 없다 생각된다. 그렇기에 이 자산군에 투자할 때는 신중하게 접근할 필요가 있다.

· · NFT와 관련된 대표 ETF · ·

ETF명	Roundhill Ball Metaverse ETF	Global X Blockchain ETF	First Trust Indxx Innovative Transaction & Process ETF	Invesco Alerian Galaxy Blockchain Users and Decentralized Commerce ETF	Siren Nasdaq Nexgen Economy ETF	Amplify Transformational Data Sharing ETF
티커	META	BKCH	LEGR	BLKC	BLCN	BLOK
운용사	Roundhill	Global X	First Trust	Invesco	Siren	Amplify
순자산규모	$832.53M	$99.63M	$142.79M	$3.78M	$197.30M	$950.22M
보유종목수	45	25	104	65	62	42
연운용보수	0.59%	0.50%	0.65%	0.60%	0.68%	0.71%
수익률						
1개월	-20.05%	5.62%	-9.58%	0.70%	-2.49%	3.51%

3개월	−18.35%	−40.06%	−6.55%	−23.33%	−2.00%	−27.08%
국가별 비중						
북미/캐나다	81.1%	76.10%	34.82%	64.14%	62.94%	76.25%
중국/아시아	18.9%	11.83%	23.14%	7.74%	9.04%	15.49%
유럽	0.0%	12.04%	23.42%	12.83%	12.08%	5.33%
기타지역	0.0%	0.03%	18.62%	15.29%	15.94%	2.93%
산업별 비중						
상업서비스	17.5%	48.73%	0.00%	12.72%	12.30%	25.03%
금융업	0.0%	28.03%	5.17%	12.88%	12.54%	25.78%
컴퓨터	19.5%	9.25%	9.79%	5.62%	6.03%	3.62%
반도체	5.2%	7.79%	9.76%	9.00%	9.26%	9.01%
소프트웨어	14.1%	3.06%	6.97%	9.80%	9.67%	6.63%
인터넷	18.0%	2.50%	4.77%	10.11%	9.82%	10.63%
대체에너지	0.0%	0.60%	0.00%	2.51%	2.29%	0.00%
은행	0.0%	0.00%	29.50%	5.85%	5.87%	6.75%
기타	25.7%	0.04%	34.04%	31.51%	32.22%	12.55%
상위 10 편입 종목						
1	엔비디아	코인베이스	코그니전트	Mutual Fund	IBM	실버게이트캐피탈
2	마이크로소프트	리오트블록체인	미쓰비시UFG	Iris에너지	GMO인터넷	SBI홀딩스
3	메타플랫폼스	마라톤디지털	인포시스	클린스파크	휴렛패커드	엔비디아
4	애플	Hut8Mining	마이크론	솔루나홀딩스	SBI홀딩스	CME그룹
5	아마존닷컴	Canaan	공상은행	AKER ASA	바이두	코인베이스

6	유니티	노던데이터	엔비디아	월마트	시그니처뱅크	GMO인터넷
7	스냅	갤럭시디지털	스위스콤	BHP그룹	아멕스	갤럭시디지털
8	TSMC	보야져디지털	AMD	텍사스 인스트루먼트	마스터카드	마이크로스트 래티지
9	로블록스	Bitfarms	중국중신은행	버라이즌	비자	리오트 블록체인
10	퀄컴	HIVE블록체인	중국건설은행	블록	플러스500	HIVE블록체인

*2022.03.11 종가 기준

2021년의 글로벌 증시의 가장 핫한 화두는 누가 뭐라 해도 '메타버스Metaverse'였다. 메타버스는 'Meta(초월)'와 'Universe(세계)'의 합성어로 현실을 초월한 가상세계를 의미한다. 메타플랫폼스(구 페이스북)와 애플, 마이크로소프트, 엔비디아, 로블록스 등 글로벌 대표 IT기업들이 너도나도 메타버스에 뛰어들고 있다 해도 과언이 아니다. 이에 메타버스라는 것에 대해 투자하고 싶어하는 투자자들의 니즈 역시 너무나 많았다.

하지만 너무 많은 기업이 이 분야에 뛰어들고 있기에 어느 한 기업을 주도 기업이라고 말하기도 어려운 상황이다. 이때 앞의 표에서 첫 번째로 나온 Roundhill Ball Metaverse ETF(META)는 메타버스라는 산업 영역에 투자하고 싶어하는 투자자들에게 하나의 대안이 될 수 있다. 자산총액은 832백만 달러의 규모이며 메타버스 관련된 사업을 영위하는 약 45개 기업에 분산 투자한다. 상위 10 편

메타버스 분야에 진출한 다양한 기업들(출처: NEWZOO)

입 종목에는 메타버스 구현에 필수인 GPU칩을 제조하는 엔비디아를 비롯해 마이크로소프트, 애플, 아마존 등 기업이 들어 있다.

Global X Blockchain ETF부터 Amplify Transformational Data Sharing ETF까지 5개는 NFT 또는 블록체인 등에 관련된 광범위한 기업들에 분산 투자하는 ETF이다. 대다수가 설정된 지 약 2년이 되지 않은 신생 ETF이기에 아직 자산총액이 적다. 그래서 거래량이 적거나 자산총액이 일정 금액 이상을 넘지 못하고 정체되거나 하락할 경우 추후에 상장폐지와 같은 일이 생길 수도 있다는 점을 유의해야 한다.

본인이 암호화폐, 블록체인, NFT 관련 산업에 대해 관심이 있다면 위와 같은 ETF를 참고해야 하겠지만 표에 나오듯 상위 10 종목의 구성이 상이하고, ETF별 추구하는 테마가 다 다르기 때문에 앞의 표를 참고하여 본인의 니즈에 부합하는 ETF인지 살펴보는 것이 중요하다.

14

주목해야 할
비상장 NFT 마켓플레이스

1. 오픈씨

2022년 기준, 전 세계에서 가장 유명하고 규모가 큰 NFT 거래소는 '오픈씨Opensea'라고 해도 과언이 아니다. 2022년 1월 기준약 1600만 개의 NFT가 활발히 거래되고 있고 NFT 누적 거래액도4억 달러(약 5000억 원)에 달한다. 우리가 인터파크, 아마존 등에서물건을 팔고 싶다면 누구나 할 수 있듯이 오픈씨도 누구나 손쉽게파일을 업로드해 NFT 거래를 할 수 있는 개방형 마켓이다. 홈페이지만 들어가 봐도 전자상거래 사이트에 들어온 것마냥 카테고리별

오픈씨 홈페이지 메인 화면

로 NFT를 살펴보기에 좋고 누구나 쉽게 NFT를 만들고 거래할 수 있는 유저 프렌들리User-Friendly 사용 환경을 제공하는 것으로 유명하다.

NFT를 모르는 초보자도 누구나 쉽게 접근할 수 있는 것이 오픈씨의 장점이다. 사이트에 접속해 보면 현실 세계에서는 사기 어려운 가상 부동산을 구매할 수도 있으며 음악, 게임 아이템, 디지털 사진, 동영상 등 다양한 분야의 NFT를 구매할 수 있다.

2. 스카이마비스

스카이마비스Sky Mavis는 베트남 회사로 최근 NFT 게임의 대명사로 떠오른 '엑시 인피니티'를 개발한 곳이다. 우리나라 삼성전자의 투자 자회사인 삼성넥스트에서 약 1800억 원 규모의 투자를 진행한 회사이기도 하다.

2021년 NFT 시장조사 서비스 업체인 넌펀저블닷컴의 보고서에 따르면 전체 블록체인 게임 시장 거래액 중 '엑시 인피니티'가 무려 35억 달러(약 4조 3000억 원)에 달한다는 발표가 있었다. 이는 전체 블록체인 게임 시장 거래액의 3분의 2로 스카이마비스의 어마어마한 인기를 가늠할 수 있는 수치다. 사실상 NFT 게임하면 엑시 인피니티를 대명사로 봐도 될 정도다. 심지어 필리핀에서는 이 게임 속 NFT 거래를 통해 생계 유지를 하는 사람들까지 나오면서 필리핀 서민 경제를 지탱한다는 얘기가 나올 정도다.

왜 그럴까? 앞에서도 소개했듯이 최근 블록체인 기술이 게임 분야까지 확대되면서 게임을 하면서 돈을 버는 P2E 시장이 활성화되었기 때문이다. 이에 게임사는 매번 유저들이 게임사를 통해 아이템을 현금화하는 번거로운 과정을 최소화하기 위해 아예 유저들끼리 알아서 시세차익을 추구할 수 있는 코인 또는 게임 머니를 제공했다. 이때 블록체인 기술을 도입하여 아이템 교환 또는 아이템이나 캐릭터를 NFT화하여 유저 간 거래로 시세차익을 보게 한 것이다.

엑시 인피니티는 게임 안에서 캐릭터를 교배하여 새로운 캐릭터가 탄생하면 여기에 NFT 기술을 적용한 개별 고유인식코드를 발급

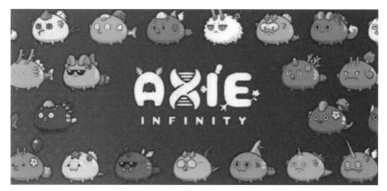

스카이마비스의 '엑시 인피니티'에 등장하는 NFT 캐릭터

하고, 이 캐릭터들을 가상화폐인 엑시 인피니티(AXS)로 거래 가능하게 만들었다. 참고로 게임 이름과 동일한 엑시 인피니티는 가상자산 거래소에서 상장되어 거래 중이다. 이렇게 만들어낸 캐릭터를 거래하여 차익을 거둘 수도 있고, 게임 내의 미션 수행을 통해 코인이 지급되면 언제든지 현금화하여 수익성을 창출할 수 있다. 그래서 코인으로 생계를 유지한다는 동남아시아 사람들이 늘어나고 있는 것이다. 단순히 게임을 돈벌이로 보고 접근하는 것은 한계가 있겠으나 현재 NFT 게임 시장의 약 3분의 2를 책임지고 있기에 많은 관심을 받고 있는 기업이다.

3. 라리블

라리블 홈페이지 메인 화면

라리블^{Rarible}은 2020년에 서비스를 시작한 NFT 마켓플레이스로 오픈씨에 비해서는 이제 막 시작한 회사라 볼 수 있다. 하지만 2021년 기준으로 시작 1년 만에 누적 거래량 1.5억 달러를 돌파할 정도로 각광을 받고 있다. 오픈씨와 마찬가지로 누구나 쉽게 NFT를 제작하고 판매하고 구매할 수 있게 되어 있다. 암호화폐 중 이더리움을 기반으로 거래하는 보통의 NFT 마켓플레이스와는 다르게 라리블은 자체 암호화폐인 라리^{RARI}를 통해 운영되는 것이 차이점이라 볼 수 있다.

라리블은 디지털 예술가나 창작가들이 더 선호하는 편인데 라리블 플랫폼에서 만들어진 작품은 라리블 아트 갤러리에서 감상할 수 있고 갤러리에서 작가들은 자신만의 특별한 콘텐츠를 소개함으로써 개성 있는 아이덴티티를 알릴 수 있다. 또한 라리블은 쉽게 NFT 작품을 만들 수 있는 인터페이스와 쉽고 빠르게 민팅을 할 수 있는 점, 직관적인 대화형 UX/UI가 장점으로 꼽힌다. 그래서 NFT 초보자도 쉽게 작품을 생산 및 배포, 거래할 수 있다. 또한 라리블에서는 이러한 작품들로 경매를 주관하고 로열티도 자체 암호화폐인 라리로 지급한다. 라리블의 수집품은 블록체인을 통해 안전하게 보관되고 복제 및 무단 배포 등을 방지하기 위하여 사용자의 트위터 계정을 연동하여 본인 확인을 거쳐야만 작품을 등록하게 하는 프로세스를 제공하고 있다.

짧은 시기에 많은 관심을 받고 있는 플랫폼인 만큼 계속 주목할 필요가 있어 보인다.

4. 니프티 게이트웨이

NFT 마켓플레이스 중 고급을 지향하는 곳, 바로 니프티 게이트웨이Nifty Gateway다. 이 플랫폼 안에서는 NFT를 니프티라고 부른다. 회사 이름을 NFT 게이트웨이라고 봐도 되는 셈이다.

미국의 유명 연예인들이나 샐럽들, 유명 디지털 아티스트 등의 NFT만을 판매하는 곳으로 고급 마켓플레이스를 지향한다. 최근에

니프티 게이트웨이 홈페이지 메인 화면

미넴, 패리스 힐튼과 같은 유명인들의 NFT가 이 회사 플랫폼을 통해 거래되었다.

NFT 창작자들이 자신의 NFT를 구매할 구매자를 고를 수 있는 것도 이 플랫폼의 큰 특징이다. 구매자의 여러 측면을 살피고 까다로운 심사 과정을 거친 후 창작자 본인이 오케이를 해야만 판매가 이루어진다. 반대로 창작자도 본인의 NFT를 판매하기 위해서는 니프티 게이트웨이의 엄격한 심사를 통과해야만 한다.

니프티 게이트웨이의 특징 중 하나는 이더리움이나 자체 발행한 코인으로만 거래되는 것이 아니라 우리가 흔히 쓰는 신용카드로도 NFT 거래가 가능한 서비스를 구축할 예정이라는 점이다. 그래서 암호화폐 거래를 하지 않거나 익숙하지 않은 유저들도 이곳에서는 손쉽게 유명인들의 NFT를 구매할 수 있는 가능성이 열렸다.

5. 두나무

우리나라 1위 가상자산 거래소인 업비트Upbit를 운영하는 두나무는 얼마 전 2021년 한 해 총 매출이 3.7조 원, 영업이익 3.2조 원, 영업이익률이 무려 88%라고 밝히면서 화제가 되었다. 심지어 이 수치는 인터넷 대표 기업인 네이버와 카카오 두 회사의 영업이익 (1조 9224억 원)을 합친 것보다 많은 숫자다. 그만큼 작년 우리나라의 암호화폐 거래 열풍이 두나무 실적에 그대로 반영되었다.

그랬던 두나무가 이제는 NFT로 사업을 확장하는 과감한 행보를 보이고 있다. 최근 업비트는 NFT 무상지급 이벤트를 열어 거래소 계정을 통해 NFT를 무료로 제공했다. 마치 많은 사람들이 해외주

업비트 NFT 홈페이지 메인 화면

식을 경험하고 투자를 시작하게 만들기 위해 증권사에서 해외주식 1주를 무료로 주는 이벤트와 비슷한 느낌이다.

또한 최근 BTS 기획사인 하이브나 JYP엔터테인먼트 등 자체 NFT 콘텐츠 확보를 위해 적극적인 협업 또는 지분 투자가 이뤄지고 있다. 서울옥션의 자회사인 서울옥션블루와 NFT 아티스트 공모전을 열어 신인 NFT 디지털 아티스트 발굴에도 적극적이다.

그리고 2021년 11월, 스마트폰을 통해 업비트 내에서 NFT 거래를 할 수 있는 서비스를 시작했다. 우리나라 최대 가상자산 거래소가 NFT 시장까지 적극적인 진출 행보를 보인다는 점에서 지속적인 관심이 필요할 것으로 보인다.

5부

NFT,
앞으로의 전망과
해결 과제

15

NFT, 어디까지 진화할까?

"우량 NFT를 보유하고 계시네요.
신용 등급에 반영하겠습니다."

NFT는 디지털 아트 시장을 필두로 우리가 아는 거의 모든 영역에서 폭발적인 성장을 하고 있다. 금융, 게임, 스포츠, 음악, 지적 재산권, 역사적 가치가 있는 유물에 이르기까지 거의 모든 영역을 NFT로 만드는 엄청난 융합의 힘을 보여주고 있다. 이런 측면에서 사람들은 블록체인이라는 기술이 '웹 3.0^Web 3.0'의 시대를 여는 기준이 되는 기술이라고 평가하고 있다.

그러나 웹 3.0을 명확하게 나누는 것에 대해서는 여전히 논쟁의 여지가 있다. 일단 웹이라는 버전을 1.0, 2.0, 3.0까지 구분하는 데 있어서 우리가 용어편에서 배웠던 것을 활용한다면 중앙서버를 통해서 커뮤니케이션 하는 방식을 웹 2.0으로, 디앱^{Dapp}처럼 탈중앙화되어 운영되는 것을 웹 3.0으로 구분할 수 있겠다. 웹 2.0의 경우에는 우리가 거의 매일 사용하는 네이버, 유튜브, 인터넷 커뮤니티처럼 직접 게시글을 쓰고, 댓글을 남기고, 더 나아가 직접 제작한 영상을 올려서 유저들끼리 소통하는 것을 말한다. 이렇게 만들어진 콘텐츠 자체는 유저 스스로가 만들었다고 해도 그 데이터들은 결국 플랫폼을 제공하는 기업이 가지고 있다. 웹 2.0에서 사용자들은 자신들이 만든 콘텐츠를 통해 수익성을 추구할 수 있지만 결국에는 중앙서버를 소유한 해당 기업의 정책에 의해 결정될 수밖에 없다.

그러나 웹 3.0의 경우 중앙관리시스템의 개입이 전혀 없이 블록체인이라는 네트워크에 참여한 이용자들끼리 서로 데이터를 주고받고 보관한다. 그리고 이를 NFT를 통해 저장한다. 수익은 물론 최초의 저작권도 만들어낸 사람에게 귀속되고 이를 구매하거나 공동 소유한 사람들에게도 같이 귀속된다. 하지만 웹 3.0의 정의에는 다소 논란이 있다. 결과적으로 모든 정보와 권한이 분산되어 있다 하더라도 결국은 벤처 투자자들에 의해 키워진 것이고 이 뒤에는 거대한 자본이 뒤에 숨어 있기 때문이다. 그렇기에 웹 3.0을 완전한 탈중앙화로 보기 어렵다는 주장도 있는 것이다.

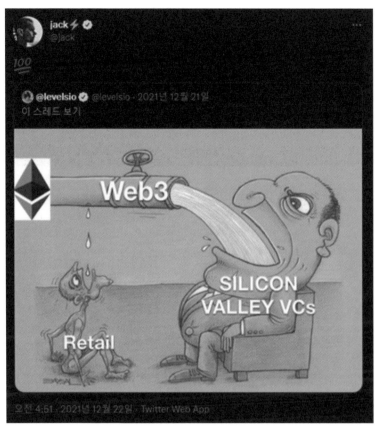

Web3

SILICON VALLEY VCs

Retail

트위터 창업자 잭 도시의 웹 3.0에 대한 리트윗(출처: 잭 도시 트위터 @jack)

위 그림은 트위터 창업자 잭 도시가 리트윗을 한 이미지다. 해당 그림은 실리콘 밸리의 벤처 투자회사들이 웹 3.0을 독식하는 모습과 함께 리테일Retail이라는 이름의 일반 대중은 그 혜택을 받지 못한다는 것을 풍자하고 있다. 결국 웹 3.0 역시 실리콘밸리의 거대

일례로 일론 머스크도 웹 3.0을 본 사람이 있냐는 메시지를 트위터에 올리기도 했다(출처: 일론 머스크의 트위터 @elonmusk)

투자자들, 기업들에게 효용이 집중되기에 이 또한 탈중앙화가 아니라는 의견이 존재한다.

　이러한 주장들은 어쩌면 블록체인이라는 기술이 그만큼 웹 3.0 시대를 여는 데 핵심 역할을 하고 있다는 방증이기도 하다. 사실 블록체인이라는 기술, 그것 중 대표적으로 활용되고 있는 것이 암호화폐이다. 그리고 블록체인 기술을 소유권에 대한 증명으로 활용하기 위해 탄생한 것이 NFT이고, NFT를 거래하는 수단이 암호화폐인 것이다.

　암호화폐에 대해서는 여전히 그 내재가치에 대해 논란이 있는 것이 현실이다. 전통적인 투자자 워런 버핏은 '암호화폐는 내재가치가 전혀 없는 자산'이라고 일축해왔다. 이렇게 암호화폐의 가치

무용론을 주장하는 사람들은 기업의 가치는 실제로 그들이 창출해내는 매출과 영업이익, 그리고 해당 기업이 보유하고 있는 부동산과 같은 실물자산이 있어야 존재한다고 주장한다. 부인할 수 없는 사실이다. 이렇게 기업의 가치라는 것은 시장에서 정해진 여러 가지 방식에 따라 밸류에이션 할 수 있다. 오랜 기간에 걸쳐서 사람들에 의해 합의가 이루어져 있고 거래가 되었던 시장이 형성되어 있다. 그러나 암호화폐는 그런 부분이 전혀 없다는 것이다. 기업과 같이 스스로 수익을 창출해내는 능력이 없고, 금이나 은 같은 귀금속의 경우처럼 희소성이 있다고 하기도 어렵다. 계속해서 만들어낼 수 있는 것이 코인, 토큰이기 때문에 희소성도 갖추지 못했다고 평한다.

예를 들어 금은 인플레이션의 대표적인 투자 헤지 수단이자 각 국가의 중앙은행이 보유한 정도가 언론에 보도될 정도로 안전자산의 역할을 해오고 있다. 대표적인 암호화폐 비트코인의 경우 디지털 금이라고 불리며 가치 저장 수단으로의 의미를 부여받고 있지만 워낙 큰 변동성으로 시장에서는 디지털 금이라는 표현 자체에 의구심을 표하고 있는 것이 현실이다. 혹자들은 암호화폐 역시 튤립 열풍과 같은 하나의 버블일 것이라고 예언한다. 이미 역사적으로 네덜란드의 튤립 버블, 영국의 남해기업 버블, 최근에는 미국 서브프라임 부동산 버블처럼 우리에겐 수차례 학습된 역사적인 버블

사건이 있어 왔다. 그러나 그런 논란에도 암호화폐 시장은 계속해서 성장해 왔고 지금은 성숙해져 가는 구간에 와 있다.

NFT가 무엇인지 알기 위해서는 암호화폐를 좀 더 다른 시각으로 살펴볼 필요가 있다. 왜냐하면 암호화폐가 내재가치가 전혀 없다면 NFT 역시 곧 사장될 기술 중 하나이기 때문이다. 결론부터 말하면 암호화폐에는 분명한 내재가치가 존재한다.

대표적인 사례로 ICO를 들 수 있다. 전 세계에서 계속 탄생하고 있는 일종의 프로젝트성 ICO는 전통적인 자금조달 시장에서의 IPO처럼 기업의 형태를 띨 필요가 없어졌다. 기술력만 있다면 굳이 감독기관의 까다로운 절차를 거쳐서, 특정 국가에서만 자금조달을 해야 될 필요가 없어진 것이다. 해당 기업이나 프로젝트가 만들어나가는 서비스의 대상도 어떤 특정 국가가 아니라 전 세계를 목표할 수 있게 되었다. 반대로 투자자 입장에서도 어떤 특정 국가나 기업에 한정되지 않고 프로젝트에 대한 비전에만 동의하여 자유롭게 참여하고 싶은 니즈가 있었는데 ICO를 통해 가능해졌다.

이때 코인, 토큰은 주식시장과 마찬가지로 자금 조달의 수단으로 작용한다. 주식 발행이 아닌 암호화폐를 발행하여 프로젝트의 실제 기술력을 인정받고, 많은 사람들의 효용을 이끌어낼 수 있는 서비스가 출시된다면 암호화폐도 분명히 주식과 마찬가지로 내재

가치가 있는 자산으로 인정 받을 수 있을 것이다.

이와 마찬가지로 NFT 역시 기초자산이 존재하며 그 기초자산에 따라 가치가 연동되어 암호화폐를 통해 거래가 된다. 그 기초자산들은 디지털 그림과 같이 가상의 영역에서만 존재할 수도 있고 BAYC의 커뮤니티처럼 실제로 온·오프라인 공간에서 활용되기도 한다. 해당 NFT의 소유자가 느끼는 가치와 지불하고자 하는 가치만큼 내재가치가 존재하는 것이다. 실제로 이렇게 형성된 가치는 주식이 오르는 원리와 크게 다르지 않다. 또한 주식과 마찬가지로 사업에 실패한 기업처럼 유저를 만족시키기 못한 프로젝트의 암호화폐들은 시장에서 쉽게 사장되고 만다.

물론 이러한 과정에서 프로젝트가 무분별하게 생성되고, 사라져 버리는 일들이 있어 왔다. 그랬기 때문에 NFT가 위험한 놀이터로 인식되었던 것도 사실이다. 그래서 실제 결제 수단이 되려고 노력하고 있고 무언가의 실물자산과 교환가치가 있음을 보여주기 위한 부단한 노력이 이어지고 있다.

그럼에도 신용카드보다 결제 속도나 인프라 면에서 불편하다는 점, 가치변동폭이 너무 크다는 점, 사용성이 떨어진다는 점 등에서 비난을 받기도 한다. 그러나 탈중앙화의 형태가 곧 우리가 가고 있는 방향성이라는 전제하에 블록체인 기술은 필연적이다. 그것의 수단으로 가장 활발하게 사용될 수 있는 것은 암호화폐일 것이며, NFT는 이 모든 것이 제대로 활용될 수 있도록 탄생한 또 하나의 기술적 결과물의 영역으로 자리잡게 될 것이다.

아마 미래에는 비상장기업의 주식에 대한 명의 개서가 NFT를 통해 발행되거나 본인이 보유한 NFT를 모아서 가치 평가를 받고 대출심사를 받게 될 날을 맞이하게 될 것이다. 미래의 기업들 역시 해당 사업 프로젝트의 성격이나 당시의 주식시장, 감독기관의 상황에 따라 IPO나 ICO 중 어떤 것이 더 자금 조달에 효율적인지 고민하게 되는 시기가 올 것이라고 예상해 볼 수 있다.

결국 디지털 자산의 소유권을 증명하기 위해 태어난 NFT라는 기술은 계속해서 진화해 나갈 것이며 어떠한 형태의 실물자산이든 점차 NFT와 접목되어 나갈 것으로 보인다.

16

메타버스와 NFT의 결합이
만들어 나갈 미래

"제 블록체인 지갑을 열어보면 NFT가 12개 들어 있어요.
제 자식들에게 공평하게 나누어 주세요."

전 세계적으로 20억 명이 넘는 월 이용자 수를 가진 잘나가는
기업이 메타버스에 진출하는 것을 넘어서 아예 회사명까지 '메타
Meta'라고 바꿨다. 바로 시가총액 약 1000조 원이 넘는 거대 SNS
기업 페이스북의 이야기이다. 페이스북은 메타버스Metaverse라는 새
로운 시장을 그저 하나의 사업 영역 정도로 본 것이 아니라 아예
회사 전체가 앞으로 나아가야 할 방향으로 보고 사명 자체도 '메
타'로 바꿨다.

메타로 기업명을 바꾼 페이스북의 행보

실리콘밸리의 대표적인 정보통신기술(ICT)기업인 페이스북이 사명을 바꾸면서까지 메타버스에 본격적인 진출을 선언한 것처럼 많은 사람들이 메타버스와 NFT의 케미를 예상하고 있다. 왜냐하면 메타버스와 NFT는 떼려야 뗄 수 없는 관계를 가지고 있기 때문이다.

VR(가상현실) 게임이나 한때 엄청나게 유행했던 AR(증강현실) 게임인 '포켓몬GO'도 큰 범주에서 보면 모두 메타버스라고 볼 수 있다. 이제 가상세계는 현실세계만큼이나 우리에게 익숙해져 있다. 그럼 왜 가상현실과 NFT가 항상 묶어서 소개되는 것일까? 그 이유는 NFT가 가상현실과 현실세계를 연결하는 하나의 매개체 역할을 해

AR 게임의 열풍을 일으
켰던 포켓몬GO(출처: 포
켓몬고 홈페이지)

주기 때문이다. 좀 더 정확하게 말하면 가상세계를 현실세계로 연
결시키는 부분에서 NFT가 중요한 역할을 하고 있다.

그 대표적인 예시가 바로 P2E(Play to Earn)게임이다. 사실 그 전에
도 유저들끼리 암암리에 게임상에서 존재하는 캐릭터나 아이템들
을 실제 현금으로 거래할 수 있었다. 그러나 이제는 NFT를 활용하
여 게임 상에서 얻은 코인을 가상자산 거래소를 통해 암호화폐로
교환하거나 현금화하는 것이 공식적으로 가능해졌다.

즉 게임을 하면서 실제 현실세계에서 보상을 받을 수 있는 환경
이 조성된 것이다. 이것이 의미하는 바는 사실 크다. 가상현실 속에

서도 현실세계와 똑같이 인정받을 수 있는 수익활동, 경제활동이 가능하다는 것을 말하는데, 이는 이제 곧 가상세계 속에서의 부자가 현실세계에서도 인정받는 부자가 될 수 있다는 것을 의미한다.

이제 메타버스는 단순히 가상세계만을 의미하는 것이 아니다. 현실세계와 복합적으로 융합이 되어 돈을 버는 활동도 하고, 네트워킹을 하고, 친구들과 만나서 비즈니스를 할 수도 있다. 또한 가상세계에서 생성되는 것들이 기존에는 게임회사들에 의해 복사, 붙여넣기가 가능했지만 이제는 NFT화되어 생성되기 때문에 각각의 고유가치를 지니게 되어 분실 우려도 없고, 명확하게 소유자를 구분할 수 있으며, 누구나 거래할 수 있다. 그래서 NFT와 접복되어가는 여러 분야들 중에서도 P2E라는 테마는 게임회사들이 가야 하는 숙명의 길이 되어버렸다.

국내 게임사인 네오위즈의 경우, 크립토골프과 브레이브 나인을 출시하였고, 넷마블의 경우 P2E 게임 뿐만 아니라 MBX, 마블렉스라는 자체 코인도 발행하여 독립적인 블록체인 생태계를 구축할 것을 발표했다.

게임업계에서 활용되는 P2E 외에도 가상현실과 현실세계는 앞으로도 하이브리드처럼 서로를 넘나들 것으로 예측된다. 앞서 보았던 사례들처럼 다가오는 미래에는 많은 사람들이 가상현실 속에서 만나서 아이디어를 나누고, 다오를 통해 조직을 구성하고, 비즈니스를 하거나 작은 프로젝트 단위로 소기의 목적을 달성하고 해산

네오위즈 게임사에서 출시하는 P2E 게임들

넷마블이 자체 발행한
마블렉스 코인(출처:마블
렉스 홈페이지)

하며, 그에 대한 수익을 배분 받는 일이 일상이 될 것이다. 이것은 현실세계 속 우리가 부동산에 대해서 등기를 통해 소유권을 인정받고 주장할 수 있는 것처럼 가상세계 속에서도 공간이나 권리를 사고 팔며, 본인 소유를 명확히 인정받기 위한 기술이 점점 더 필요해질 것이라는 것을 의미한다. 이러한 니즈를 채울 수 있는 기술은 아직까지 블록체인 기술에서 탄생한 NFT가 유일하다고 볼 수 있기 때문에 새로운 대체 기술이 나오기 전까지는 유망할 것이다.

결과적으로 메타버스가 고도화될수록 디지털 내의 특정 자산에 대해 원본, 소유권을 보장하고 싶어 하는 부분을 완성시켜주는 것이 NFT이기 때문에 둘 사이는 필연적인 것으로 보인다. 또한 메타버스가 많이 활용될 수밖에 없는 것이 게임이다. 이미 구축된 가상의 공간과 그 속의 많은 유저들, 고가에 거래되는 아이템과 같이 이미 충분한 인프라와 많은 디지털 콘텐츠를 보유하고 있는 곳이 게임회사들이기 때문이다. 이들은 이러한 장점을 인지하기에 앞다투어 NFT와 연계된 P2E 게임을 발매하려고 하는 것으로 보인다.

미래에는 가상세계 속에서 디지털 자산을 불려 나가는 데 익숙해진 지금의 10, 20대들이 본인의 아들, 딸에게 상속, 증여를 하거나 자선단체에 기부를 할 때 소유하고 있는 NFT를 평가하여 상속, 증여세를 따져야 하는 날이 오게 될지도 모른다.

이제 대체불가능한 디지털증서가 왜 필요한지 조금 와닿는 것 같다. 메타버스 속에서 디지털자산의 가치는 결국 대체불가능한 토큰, NFT를 통해 확인된다.

17

앞으로 NFT가
해결해야 할 과제들

　NFT는 앞으로 해결해 나가야 할 과제가 몇 가지 있다. 먼저 소유권과 저작권에 대한 것이다. 우리가 지금까지 공부해 온 바와 같이 NFT가 디지털상에서 내 것이라는 소유권을 명확히 보여준다는 것은 알았지만 실제로 현실세계에서도 해당 자산, 작품에 대해 내 소유권을 인정해 주는지에 대한 부분은 애매하게 남아 있다.

　소유권과 저작권은 각각 명확히 다르다. 소유권은 해당 작품이나 물건이 존재하는 한 영속적으로 사용하거나, 이를 활용하여 수익을 내거나, 또 다른 제삼자에게 처분할 수 있는 권리를 말한다. 저작권은 지적 재산의 하나의 형태인데 존속기간이 존재하는 권리이다. 예를 들어 유명 작가들의 작품들의 경우 저작권이 사후 70년 간 보호받고 그 이후에 소멸되는 것이다. 소멸되기 전까지는 해당 작품에 대해 저작자가 배타적으로 가지고 있는 권리가 저작권이다.

예를 들어 우리가 만약 어떤 유명한 작가의 작품을 사서 소유권 자로서 우리만 볼 수 있는 방에 넣어두고 낙서를 한다거나, 앞선 예시로 나왔던 불탄 뱅크시라는 해프닝처럼 태워버릴 수 있다. 또는 이것을 다시 누군가에게 더 비싸게 팔아서 수익을 남길 수도 있다. 그러나 이 작품을 복사하여 본인의 책에 넣거나 모사작이나 시리 즈물을 만들어서 판다면 저작권법에 위배되기 때문에 이 경우에는

저작권자의 허락이 있어야만 가능하다.

실제로 우리나라에서 유명 작가의 작품을 소장하고 있는 소유권자가 이를 NFT로 만들어 경매에 내놓으려고 했다가 저작권을 가지고 있는 유가족들의 반발에 의해 무산된 사례도 있었다. 이는 저작권자의 동의를 받지 않은 작품을 NFT와 같은 마켓플레이스에 전송하는 과정 자체가 저작권을 침해하는 문제라고 보았기 때문이다. 이처럼 NFT를 통해 작품을 구입하는 경우 디지털 소유권과 저작권이 아직 애매한 부분이 있다.

또한 NFT를 가상자산으로 볼 것인지에 대한 부분도 아직까지 명확하지 않다. '특정 금융거래 정보의 보고 및 이용 등에 관한 법률'에 의하면 NFT는 가상자산의 범주에 들어가 있지 않다. 그러나 최근 정부에서는 NFT가 향후 거래 수단이나 투자의 목적으로 사용되는 경우에 가상자산으로 볼 수 있다는 메시지를 조금씩 내놓고 있다.

또 다른 문제는 블록체인에 담긴 데이터가 실제로 제대로 된, 틀리지 않은 데이터인지 아닌지에 대한 문제이다. 이는 '오라클 문제'라고도 부르는데 좀 더 정확한 정의로는 외부의 데이터가 블록체인 생태계 안으로 들어오거나 반대로 외부로 나가는 어떤 중간의 수단이나 그 단계를 의미한다. 100% 정합성이 확인된 데이터가 블록체인 생태계 내에 존재한다면 오라클 문제는 없을 것이다. 그러나 최초에 NFT화하는 과정에서 대체 불가능한 여부를 떠나 데이터 자체에 문제가 발생하면 어떨까? 예를 들어 남의 그림이나 사진을 가져다가 NFT로 민팅을 하여 판매하는 경우라면 NFT의 대체불가능성을 떠나 이는 저작권을 위배하는 심각한 범죄 행위일 수 있다. 물론 이 경우에 대체 불가능한 NFT라는 것도 아무 쓸모없는 토큰이 되어버릴 것이다.

마찬가지로 중고차 시장에 NFT를 도입한다고 해도 최초 제조 단계에서 데이터 입력이 잘못된다면 처음부터 잘못된 정보가 블록체인에 기록되는 것이기 때문에 중고차로 팔려 나가는 과정까지의 모든 데이터가 쓸모 없는 것이 되어 버린다. 이처럼 최초에 데이터를 올바르게 기록해 신뢰문제를 해결해야 하는 과제가 남아 있다. 이 부분이 해결되지 않는다면 블록체인의 정보가 아무리 해킹 불가능하다고 해도 입력된 정보 자체를 신뢰할 수 없게 되어 기술 자체가 의미 없어질 수 있다.

이 문제를 해결하려면 신뢰할 수 있는 누군가가 블록체인에 정보를 직접 입력해야 하는데 이는 탈중앙화에 모순된다는 문제로 이어진다. 이러한 점을 해결하기 위한 여러 방안이 논의되고 있고, 해결해 나가는 과정 중에 있으니 좀 더 지켜봐야겠다.

마지막으로는 안정적인 암호화폐 시세 형성에 있다. NFT는 암호화폐로 거래하기 때문에 시세에 따라 마치 환노출 100%의 금융상품처럼 교환비율에 따른 리스크가 존재한다. 사고 싶은 NFT의 가격이 변동되기 이전에 암호화폐의 급등락으로 인해 영향을 받는다면 NFT시장의 수요 형성에도 악영향을 줄 수 있다. 지금까지는 암호화폐 시장 자체가 우상향의 시세를 그려왔기 때문에 NFT 시장도 활발할 수 있었지만 암호화폐 시장이 전반적인 하락세로 돌아선다면 가격 상승을 통한 차익을 노리는 수요는 사라질 수 있다.

물론 최근에 암호화폐 시장이 가격 측면에서 일부 코인을 제외하고는 안정적인 모습을 보여주고 있고, 이와 마찬가지로 NFT 시장의 시세도 그러한 모양새를 갖춰가고 있는 것으로 보인다. 이러한 과정을 통해 디지털 기축통화로서 비트코인이나 이더리움이 자리 잡는다면 NFT 시장도 안정적인 수요가 계속될 수 있을 것으로 보인다.

"인생에 한 번쯤은
얼리어답터말고 이노베이터가 되자!"

약 5년 전에 비트코인이 300만 원이던 시절이 있었다. 만약 이 때로 돌아갈 수 있다면 비트코인을 살 것인가? 아마 지금의 가격을 알고 있는 상태라면 사람들은 모든 재산을 팔고, 대출까지 영끌해서 부동산이 아닌 비트코인을 살 것이다. 더 옛날인 2016년도에는 비트코인이 약 40만 원대였다. 만약 그때 사났다면 지금 시세가 5000만 원인 것을 감안했을 때 약 125배 수준으로 가격이 올랐을 것이다. 1억을 사 났다면 지금쯤 125억 원을 가진 암호화폐계의 큰손이 되어 있을 수도 있다. 물론 모두 결과론적인 이야기다.

마케팅 용어로 자주 등장하는 용어 중 캐즘 이론Chasm Theory이라는 것이 있다. 특정 기술이나 제품이 시장에 진입하고 나서 소비자들의 수요가 변해가는 과정을 말하는 것으로 기업의 성장과정을 말할 때 자주 사용되는 용어다. 사업을 하는 기업 입장에서는 이 캐즘을 넘지 못하면 결국 주류 소비자에게 서비스나 제품을 도달시키지 못하고 사장되어 버린다. 그러나 얼리어답터들의 검증을 통과하여 이 캐즘을 넘으면 대중 소비자에게 제품을 보여줄 수 있는 기회를 얻게 되고 높은 수익을 얻을 수 있게 된다.

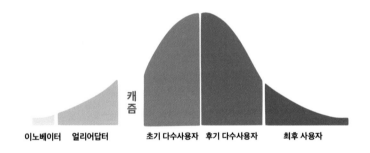

지금 비트코인이나 이더리움은 주식만큼 흔한 디지털 자산의 하나가 되었다. '만약 비트코인, 이더리움의 얼리어답터였다면 얼마나 좋았을까'라는 상상을 하는 분들이 주변에 많을 것이다. NFT도 마찬가지다. NFT라는 기술은 이제 많은 이노베이터의 검증을 넘었고 얼리어답터의 검증도 넘어서는 모습이다. 필자 역시 NFT가 얼리어

답터의 끝자락에 와 있는 것을 피부로 느끼고 있다. 여러 가지 현존하는 문제점을 해결해 나가고, 제도권 가장자산으로 편입이 되고 난 이후에는 주류의 소비자들에게 NFT는 익숙한 하나의 인증수단이 되어 있을 것이다. 이는 이미 매일같이 한 번도 쉬지 않고 언론기사에 보도가 되고 있으며, ICT 기업, 플랫폼 기업뿐만 아니라 전통적인 유통 기업들까지 NFT 시장에 뛰어들고 있다는 것을 피부로 느낄 수 있다. 코로나19로 인해 상점에 들어갈 때마다 QR코드를 찍으려고 핸드폰을 준비하는 일이 일상이었던 것처럼 본인의 특정한 자산을 NFT로 소유하는 일이 앞으로는 매우 흔한 광경이 될 것이다.

NFT는 그렇게 다수의 수용자들, 소비자들에게 보여질 준비를 마치고 있다. 그렇다면 우리는 지금 어떻게 이 변해가는 주류에 탑승할 수 있을까? 앞서 이 책에서 소개했던 바와 같이 직접 NFT 기술을 본인이 가진 디지털 자산에 접목시켜 보거나 관련 사업을 하는 기업들에 투자를 할 수 있다. 그러나 어쩌면 우리에게 더 중요한 일은 블록체인이나 NFT가 아니라 앞으로 어떤 이름으로 나올지 모를 새로운 기술에 대해 얼리어답터가 아닌 이노베이터가 되어 받아들일 자세를 유지하는 것이 아닐까 하는 생각을 해본다.

나의 첫 NFT 교과서

초판 1쇄 인쇄 2022년 5월 16일
초판 1쇄 발행 2022년 5월 27일

지은이 황성배, 전래훈
펴낸이 김동환, 김선준

책임편집 최한솔
편집팀장 한보라 **편집팀** 최한솔, 최구영, 오시정
마케팅 권두리, 신동빈
홍보 조아란, 이은정, 유채원, 유준상, 권희
디자인 김혜림
일러스트 Pickle

펴낸곳 페이지2북스 **출판등록** 2019년 4월 25일 제 2019-000129호
주소 서울시 영등포구 여의대로 108 파크원타워1, 28층
전화 070) 4203-7755 **팩스** 070) 4170-4865
이메일 page2books@naver.com
종이 월드페이퍼 **인쇄·제본** 한영문화사

ISBN 979-11-90977-65-4 (03320)